Edizioni PensareDiverso
Cenacolo Jung Pauli

Peter Veltman

Vreemde toevalligheden in je leven.

Kleine nieuwsgierige evenementen.. Voorgevoelens.
Telepathie.
Komt het jou ook over?
Kwantumfysica en de theorie van synchroniciteit verklaren buitenzintuiglijke verschijnselen.

Index van het boek

Introductie

Vanaf de vroegste ontwikkelingen van het denken geloofde de mensheid dat een aantal belangrijke toevalligheden tekenen waren waarmee een hoger filosofisch of goddelijk niveau trachtte in dialoog te treden met mensen.

In de laatste drie eeuwen was dit uit de nieuwe richtingen van de wetenschap gewist. Buitengewone toevalligheden werden beschouwd als vruchten van het toeval. Iedereen die buitengewone gebeurtenissen als goddelijke signalen wilde interpreteren, werd bespot. Op dezelfde manier werden voorgevoelens beschouwd als illusies of zelfs tekenen van onevenwichtigheid. Dit ondanks het feit dat velen deze buitengewone feiten hebben meegemaakt.

De wetenschap ontkende het bestaan van een psychische dimensie waarmee de menselijke geest kon omgaan. Volgens de algemene opinie waren de enige bestaande realiteit materiële objecten. Echter, in de jaren 80 demonstreerden experimenten in de kwantumfysica het bestaan van een universum dat niet alleen uit materie bestaat. Dit universum bevat een niveau waarin energie en informatie niet de grenzen van ruimte en tijd hebben die typisch zijn voor de klassieke natuurkunde.

Dit bevestigt alle intuïties gerijpt in de geschiedenis van de mensheid. Onder deze intuïties is het concept van "Soul of the World" geformuleerd door de Griekse filosoof Plato. Meer recent heeft de Zwitserse psycholoog Carl Gustav Jung de theorie van het "collectieve onderbewuste" uitgewerkt.

Dit boek vermijdt onderzoek van te gespecialiseerde onderwerpen. De auteur begeleidt de lezer duidelijk bij het begrijpen van de drie niveaus die één realiteit vormen.

Het eerste niveau is het fysieke niveau, dat deel uitmaakt van onze dagelijkse ervaring. Het tweede niveau is beschreven door de kwantumfysica, typisch voor de kleinste elementaire deeltjes van atomen.

Het derde is het psychische niveau dat "niet-lokaliteit" wordt genoemd. Het is het spirituele niveau, dat nergens fysiek kan worden gelokaliseerd.

Dit pad van kennis verwijst naar recente ontdekkingen die door de officiële wetenschap worden erkend. De vreemde toevalligheden en verschijnselen van de geest worden belangrijke onderdelen van een nieuwe en verrassende werkelijkheid.

Willekeurige feiten en belangrijke toevalligheden

Het toeval bestaat uit twee feiten die met elkaar verbonden zijn om een logische volgorde te bepalen. Een toeval kan worden geprogrammeerd door de wil van mannen. Een klassiek voorbeeld van vooraf vastgestelde toevalligheden zijn de dienstregelingen voor passagiersvervoerslijnen. Op een vooraf vastgesteld schema arriveert een vervoermiddel in een station. Direct na de reis gaat het verder met een ander vervoermiddel. Niets bijzonders. Maar er zijn ook toevalligheden die optreden zonder voorspellingen.

Laten we een voorbeeld nemen. Ik ga naar de supermarkt, ga naar de broodteller en pak een nummer. Mijn reservering heeft het nummer 64.

Dan ga ik naar de visteller en zelfs hier heeft mijn reservering het nummer 64. Dit is allemaal heel gewoon op dat moment. De situatie wordt vreemd als ik, als ik uit de supermarkt kom, op bus nummer 64 sta. Op de bus ontmoet ik een vriend die 64 wordt op die dag. Ik feliciteer hem en ik loop recht voor de kiosk van Marconi Street 64. Uit de winkel koop ik het nummer 64 van mijn favoriete tijdschrift. Wat denk je op dit moment? Ik zou me kunnen afvragen of het niet heel vreemd is dat het getal 64 continu wordt herhaald.

Om de waarheid te zeggen, zulke numerieke sequenties gebeuren met een bepaalde frequentie, maar we merken het niet, omdat we bezig zijn met iets anders te denken. Daarom zijn de toevalligheden die verbonden zijn met een getal, vergelijkbaar met wat er werd verteld, raar maar we houden er geen rekening mee. In feite merken we deze niet. Deze toevalligheden worden niet "significant". Veel toevalligheden kunnen significant worden als we ons ervan bewust worden en het brein gaan laten werken.

De vraag zou moeten zijn: wat is het belang hiervan voor mijn leven?

Een oude foto

Mary verveelde zich. Die zondagmiddag, vanwege een lichte verstuikte enkel, moest ze thuis blijven. Na door al zijn boeken te hebben gekeken, zocht hij naar een interessant tv-programma maar vond het niet. Dus besloot hij om wat nuttig werk te doen. Er was bijvoorbeeld een poster om op te hangen. Ze had het een paar maanden geleden gekocht en het was nog steeds goed opgerold in de container.

Deze activiteit leek te veeleisend. Hij besloot nog een kleine zaak. Uiteindelijk besloot hij dat het de juiste tijd was om de voering van papier in de la van zijn bureau te vervangen.

De lade was breed en diep. Maria haalde het tevoorschijn, legde het op tafel en begon de inhoud in een doos te doen. Terwijl ze de afzonderlijke items oppakte, was ze verbaasd dat ze zoveel kleine dingen had gevonden die ze als verloren had beschouwd.

Na het legen van de lade liet Maria het oude papier los van de punaise die het vasthield en plette het in haar hand om het weg te gooien. Op dat moment ontdekte ze een rechthoek papier dat recht onder de papier was gegleden.

Het was een oude foto. In dat beeld zag Maria zichzelf, veel jonger, samen met een paar vrienden tijdens een schoolreisje dat minstens twintig jaar eerder plaatsvond.

Maria begon de foto met nostalgie te onderzoeken omdat ze de afgebeelde mensen herkende. Natuurlijk, die links was Paolo, en degene naast hem was Sergio, bijgenaamd "Lo Sguincio". Het meisje in het midden was Arianna genaamd "La micia". Ze waren allemaal vrienden die ze nog steeds zag, maar die vent tussen Laura en Silvio, de dikke vent, wie was hij? Hij probeerde het te herinneren en uiteindelijk was de verlichting: maar ja, het was Ciccio. Aan het einde van de middelbare school was zijn familie verhuisd, dus de contacten waren vervaagd totdat de twee elkaar uit het oog waren verloren.

Ze bleef lange tijd geabsorbeerd en fantaseerde over die periode van haar leven: de school en vrienden die ze zich herinnerde. Nu verscheen Ciccio plotseling op die saaie middag.

Maria veranderde het papier van de ladeklep en zette het terug op zijn plaats. Toen concentreerden zijn gedachten zich op iets anders.

De volgende middag ging de telefoon terwijl ze wat huishoudelijke klusjes deed.

Zou je het geloven? Aan de andere kant van de hoorn begon een stem te zeggen:

"Hallo, ben jij Maria? Ik hoop dat je me nog herinnert, ik ben Ciccio en we zijn samen naar de middelbare school geweest. Gisteren, toen ik terugdenk aan die tijd, voelde ik de wens om oude vrienden opnieuw te verbinden. Het eerste nummer dat ik in mijn telefoonboek vond was van jou ... "

Twee feiten die niet met elkaar verband houden, kunnen een "significant toeval" veroorzaken.

Zoals duidelijk is, is het vinden van een oude foto gewoon een merkwaardig feit. Maar het telefoontje dat Maria de volgende dag ontvangt, brengt een onverwachte verbinding tot stand. Voor Maria hebben het vinden van de foto en het telefoongesprek een "eenheidsgevoel".

Wanneer Maria vaststelt dat de twee feiten logisch verbonden zijn, worden deze twee feiten een 'significant toeval'.

We zijn allemaal protagonisten van belangrijke toevalligheden. Op andere momenten kunnen we getuige zijn van de merkwaardige toevalligheden die andere mensen overkomen.

Helaas, zelfs als we in het begin een beetje verrast zijn, besluiten we vervolgens dat het een eenvoudigezaak is. We denken zeker dat we een merkwaardig geval hebben meegemaakt, maar nog steeds slechts een eenvoudige zaak. Dientengevolge slaan we alles op in een bepaalde hoek van de geest.

In werkelijkheid komt 'toeval' niet altijd overeen met 'gewoon geval'. Dit wordt aangetoond door het feit dat sommige toevalligheden problemen in onze geest veroorzaken die onopgelost blijven voor het leven. Soms duiken deze problemen weer op en stimuleren ze onze nieuwsgierigheid. We voelen een vaag gevoel van mysterie. We hebben het gevoel dat we een nuttige communicatie hebben verloren. We vermoeden dat een indicatie of een belangrijke suggestie aan ons ontsnapt.

Volgens de bekende psychotherapeut Carl Gustav Jung, die dit fenomeen lang heeft bestudeerd en veel van de theorieën heeft uitgewerkt die later in dit boek worden beschreven, zijn vaak toevalligheden te wijten aan toeval, maar soms ook niet.

Jung stelde het bestaan van toevalligheden voor die significant of zelfs "numineus" zouden kunnen zijn, en noemde ze met de naam "synchroniciteit".

Jung had de verdienste dat hij de eerste was die wetenschappelijk studeerde, het fenomeen van vreemde toevalligheden. Zijn eerste observatie was dat niemand het bestaan van vreemde toevalligheden kan ontkennen.

Jung heeft ook geschikte hulpmiddelen verstrekt om te begrijpen wanneer een toeval als significant of "numineus" kan worden beschouwd en daarom een synchroniciteit wordt.

Natuurlijk is het niet genoeg om onderscheid te maken tussen gewone toevalligheden en synchronistische toevalligheden. We kunnen vaststellen dat willekeurige toevalligheden deel uitmaken van ons dagelijks leven en voortvloeien uit de verstrengeling van onze activiteiten met de gebeurtenissen in de wereld om ons heen. Het kenmerk van gewone toevalligheden is dat ze ons niet betrekken of interesseren omdat we deze toevalligheden als overduidelijk beschouwen.

Synchrone toevalligheden openen daarentegen een enorm venster op het panorama van het mysterie. Deze toevalligheden doen ons werelden binnengaan waarvan we het bestaan nooit hebben vermoed.

18

Achter elke synchroniciteit bevinden zich hele
onbekende universums om te verkennen, en een
enorme wijsheid om uit te tekenen. Helaas hebben
we geen ogen om deze landschappen te begrijpen.
Evenzo kennen we de taal niet waardoor
synchroniciteiten met ons proberen te
communiceren.

Er zijn afstemmingsproblemen tussen onze geest
en de universele geest die alle synchroniciteiten in
ons voordeel voortbrengt.

Een klein standbeeld dat uit het raam vliegt

Francesca, de oudere vrouw die in de kerk van
de Heilige Aartsengelen diende, zag opnieuw
hetzelfde meisje.

Zoals altijd stopte de jonge vrouw en ging op
haar knieën zitten in het meest verborgen deel van
de kerk.

Zijn bezoeken vonden altijd plaats toen de kerk
leeg was, in een tijd dat er geen religieuze diensten
waren.

Het meisje was altijd zeer prayerful en haar
droevige uitdrukking kon worden gezien. Die dag
zag Francesca echter een traan in haar gezicht
glinsteren. De oude vrouw wachtte, vanwege haar
natuurlijke goedheid maar ook van een zekere

nieuwsgierigheid, tot de jonge vrouw het gebed beëindigde.

Toen hij de kerk verliet, benaderde hij haar en begon een dialoog om de reden voor zijn lijden te ontdekken.

Door een hartelijke uitwisseling van gedachten en gemeenschappelijke argumenten verzamelde hij zijn vertrouwensrelaties. Het meisje, wiens naam Anna was, was de periode van de jeugd gepasseerd en had heel graag een metgezel gevonden om een gezin te stichten. Helaas werd de droom niet gerealiseerd.

Francesca troostte haar en raadde het meisje advies.

Toen herinnerde hij zich dat hij onder zijn taken als kerkelijk werker ook moest zorgen voor de verkoop van souvenirs.

Dus de vrouw vond het tijd om eindelijk een standbeeld van de engel Raffaele te verkopen.

Dit heilige object beeldde een van de drie aartsengelen uit en was vele jaren achter het glas in de souvenirtegel gebleven, omdat niemand het ooit had gekocht.

"Mijn lieve Anna" - zei Francesca, terwijl ze haar naar het souvenirkastje leidde - "Ik stel voor dat je Angelo Raffaele elke dag om hulp vraagt. In feite is deze engel de beschermer van geliefden en echtelijke liefde ".

Toen ging Francesca zo verder:

"Dit gipsen beeld dat je hier ziet, is een kopie van een zilveren origineel uit Italië, in de stad Napels.

De aartsengel Raphael wordt afgebeeld samen met een jonge man, en er is ook een vis.

De jongeman heette Tobias, hij was een reis begonnen om met een jonge vrouw Sara te trouwen, volgens de wensen van zijn familie.

elaas was Sara bezeten door de demon Asmodeus. Het resultaat was dat, telkens als Sara haar huwelijk vierde, er een ongeluk gebeurde. De man stierf tijdens zijn huwelijksnacht. Dit ongeluk was al zeven keer gebeurd.

Maar Tobias wist niet dat hij de achtste echtgenoot zou zijn.

Gelukkig werd Tobias tijdens het reizen naar Sara vergezeld door de Angelo Raffaele.

Eenmaal op de oever van een rivier stopten de twee reizigers om te rusten. Tobias ging naar de kust om te drinken, maar werd aangevallen door een grote vis. Raffaele hielp hem en samen doodden ze de vis. De engel zei Tobias dat hij de buik van de vis moest openen en zijn lever eruit moest halen; hij beval hem om het mee te nemen omdat het hem geluk zou brengen.

Tobias is op zijn bestemming aangekomen en bereid om de bruiloft te vieren. Ondertussen was Sara's vader het graf al aan het voorbereiden. Maar die tijd was het graf niet nodig.

Met de bescherming van Raffaele brachten de twee echtgenoten de eerste nacht door met bidden. Ondertussen creëerden ze dampen door de lever van de vis te verbranden. Op deze manier kwam de demon niet dichterbij en werd verslagen. Sara werd vrijgelaten van de vloek en leefde gelukkig met Tobias ".

Francesca maakte het verhaal op deze manier af:

'Jij ook, lieve Anna, kunt op Raffaele rekenen. Bewaar dit kleine beeldje in je huis en zeg elke dag een gebed voor de engel. Je zult zien dat hij je spoedig zal komen helpen. '

Toen zei Francesca verder:

"Denk eraan, Anna, dat nog steeds vandaag in Napels op 29 september veel meisjes het zilveren beeld gaan bezoeken. Zoals men in het dialect, Napolitaans, zegt, gaan ze" a vasà 'o pesce 'e San Rafèle".

Dit gezegde betekent: ze gaan de wonderbaarlijke vis van St. Raphael kussen. Dit gebaar voor hen brengt veel geluk in liefdesverhalen. "

Anna, met grote hoop, kocht het beeld en legde het thuis op een kast. Hij bad elke dag zijn gebed. De tijd verstreek: een week, een maand, drie maanden ... maar er gebeurde niets.

De vierde maand, in een moment van bijzondere wanhoop, nam het beeldje en bekeek het met minachting, mompelend:

"Maar wat een San Raffaele! Zelfs hij helpt me niet! '

Dat gezegd hebbende, gooide hij het kleine beeldje uit het raam.

Na een paar minuten hoorde hij de bel van de toegangsdeur rinkelen. Hij opende zich en bevond zich voor een gedistingeerde heer. Met een zekere schaamte zei de man tegen Anna:

"Pardon, ik zag dit kleine beeld uit een raam vallen. Als ik me niet vergis, kwam het uit dit appartement, dus ik dacht dat ik het terug zou brengen ".

Anna, verbluft, liet hem gaan zitten en bood hem een kop koffie aan. Ze praatten hierover en dat. Hij ontdekte dat deze vriendelijke heer Giulio heette, en hij was vrijgezel. Ze besloten elkaar weer te ontmoeten. Later ontmoetten ze elkaar regelmatig en trouwen ze uiteindelijk.

Synchroniciteit

Waar begint in het verhaal van Anna de reeks vreemde toevalligheden? Begin wanneer Anna besluit om elke dag naar de kerk van de Heilige Aartsengelen te gaan? Begin wanneer Francesca, nieuwsgierig, luistert naar haar vertrouwelijkheid? Of begint het vele jaren eerder, toen een standbeeld nooit werd verkocht? Of begint het toeval wanneer Julius onder Anna's raam passeert terwijl het meisje het beeldje weggooit?

Dit zijn veel feiten, los van elkaar en ver in de tijd. Als we deze feiten echter allemaal samen beschouwen, kunnen we zien dat ze de coherente delen van een verhaal worden. Dat wil zeggen, deze feiten worden "significant" en daarom bouwen ze als geheel een "synchroniciteit" op.

De term "significant" betekent iets dat een betekenis bevat en uitdrukt. Een belangrijke gebeurtenis vormt een "teken van de hemel". Significante gebeurtenissen spreken; ze zijn welsprekend, ze zijn opmerkelijk, ze zijn relevant.

Jung gebruikt ook de term "numinous" wat betekent: omringd door een halo van heiligheid. Een "numinous" evenement wekt angst en eerbied op.

In de hierboven verteld verhalen vloeit de heilige inhoud niet voort uit het feit dat we spreken over het beeldje van een heilige, of uit het feit dat de aflevering van Tobias uit de Heilige Bijbel is overgenomen. De algemene gebeurtenis van een synchroniciteit is "numinous" met een bredere betekenis. Het feit verdient een bepaald respect, omdat het in staat is een gevoel van spirituele eerbied op te wekken.

Beide verhalen die ik presenteerde, die van Maria en die van Anna, kunnen als synchrone afleveringen worden beschouwd.

In feite komen hun kenmerken overeen met die van Carl Jung om te onderscheiden of een aflevering synchroon is of niet.

Volgens Jung zijn er drie belangrijke kenmerken om een synchroniciteit te onderscheiden.

Het eerste kenmerk is dat de twee of meer feiten waaruit synchroniciteit bestaat, niet door een verband tussen oorzaak en gevolg worden verbonden. In de context van synchroniciteit is geen van de feiten een direct gevolg van een ander feit. De verbinding is intellectueel en vindt plaats in de geest van het onderwerp.

In het voorbeeld met betrekking tot Maria is het duidelijk dat de oproep van Ciccio niet het gevolg is van het vinden van de foto door Maria.

Evenzo zijn het gooien van het standbeeld van Anna en de doorgang onder het raam van Giulio niet consequent voor elkaar.

Het tweede kenmerk van een synchroniciteit is dat de feiten een emotionele reactie genereren bij de persoon die betrokken blijft. In de eerste aflevering vraagt Maria zich af wat ze niet als een casus kan definiëren. In de tweede aflevering is Anna aangenaam betrokken en trouwt uiteindelijk met Giulio.

Het derde kenmerk is het symbolische karakter van de feiten. Dit maakt ze helaas moeilijk te begrijpen. Zelfs als het echter niet mogelijk is om een logische verklaring te geven waarom deze feiten zich hebben voorgedaan, voelt men dat ze een mysterieuze betekenis verbergen. Als we het willen zeggen zoals Jung zou doen, zeggen we dat "ze een numinous karakter hebben".

Collectief onbewust en archetypen

Om het principe van synchroniciteit volledig te begrijpen, moeten we de theorieën van Jung onderzoeken.

Het eerste argument stelt ons in staat de oorsprong en het functioneren van synchroniciteiten te begrijpen. Jung theoretiseert een concept dat al bekend is in de evolutie van het menselijk denken en noemt het "collectief onbewust".

In zijn studies stelt Jung dat de menselijke psyche in drie niveaus kan worden verdeeld.

Het niveau van individueel bewustzijn

Het eerste niveau is wat we "individueel bewustzijn" noemen. Dit niveau omvat alles wat we weten over onszelf en de omgeving om ons heen. Bewustzijn vertegenwoordigt het vermogen om de feiten die zich voordoen in de sfeer van onze ervaring te begrijpen en te evalueren. Dankzij het geweten weten we redelijkerwijs te voorzien wat er in de nabije toekomst zal gebeuren. De term 'geweten' komt van het Latijnse 'conscire', wat betekent 'bewust zijn, weten'. Met andere woorden, bewustzijn duidt de kennis aan die elke persoon heeft van zichzelf en zijn mentale inhoud.

Daarom is bewustzijn de plaats waar onze redenering wordt ontwikkeld. Beslissingen en gedragingen worden volwassen in bewustzijn. Bewustzijn maakt onderscheidingsvermogen en maakt redelijke keuzes, volgens onze manier van begrip van de wereld.

Het individuele onbewuste

Het tweede niveau is de plaats die "persoonlijk onbewust" wordt genoemd. Hier worden ideeën, overtuigingen en gedragingen die niet onder onze directe controle vallen, geboren en groeien.

Essentiële levensfuncties zoals ademhaling en hartspiercontracties worden hier bijvoorbeeld uitgevoerd.

Bovendien bewonen de instincten, neigingen en houdingen in het deel van ons bewustzijn dat we niet kennen. Dit zijn ook de "onbewuste voorkeuren" voor een bepaalde vorm van kunst in plaats van voor een andere. Het onbewuste bepaalt onbewust de voorkeur voor de ene of de andere kleur, voor een beroep of een andere.

Sigmund Freud noemde ook het persoonlijke onbewuste. Volgens Freud is dit een in eerste instantie lege container. In de loop van het leven verwelkomt deze container alle "geweigerde afwijzingen".

Jung denkt totaal anders. Hij beweert dat het onbewuste zijn eigen functionele autonomie heeft sinds het begin van het leven van een mens. Volgens Jung wordt de mens inderdaad meer bestuurd door zijn onbewuste dan door zijn geweten.

Het onderbewustzijn dient om een evenwicht met bewustzijn tot stand te brengen. Er zijn inhoud van bewustzijn die onbewust kan worden. Dit gebeurt in een mechanisme dat je doet vergeten.

Bovendien is er in bewustzijn informatie die vrijwillig kan worden vergeten, omdat het het resultaat is van pijnlijke gebeurtenissen. Sommige ervaringen kunnen worden verwijderd omdat ze verband houden met afleveringen waarover we ons schamen of waarvan we de realiteit willen ontkennen.

In deze gevallen hanteren we een eliminatie (psychologische Entfernung) die echter nooit definitief en volledig is.

In feite doen we niets anders dan herinneringen verplaatsen van onze bewuste kant naar het onbewuste.

In bepaalde situaties kunnen echter ervaringen die gewist lijken uit het onbewuste tevoorschijn komen.

Het belangrijkste verschil tussen de stelling van Freud en Jung is dat volgens Jung het onderbewustzijn niet het pakhuis is met de door het geweten afgewezen ervaringen.

Jung beoordeelt het onderbewustzijn op een veel positievere manier.

Volgens Jung is het onderbewustzijn een plek vol nieuwe ideeën en creatieve impulsen. In het onderbewustzijn worden veel conceptuele constructies en veel originele projecten geboren en gegroeid, gerelateerd aan het heden en ook aan de toekomst.

Daarom bevat het onderbewustzijn volgens Jung zaden van kennis en creativiteit. Dit zijn absoluut originele ideeën, die zouden kunnen leiden tot het formuleren van de klassieke vragen: "Maar hoe weet je dat? Maar wie heeft je dat verteld? "

Het uitgangspunt is dit: het onbewuste bevat ideeën die niet gekoppeld zijn aan de ervaring van het individu; deze ideeën zijn altijd aanwezig geweest. Vandaar de "vraag": als deze ideeën van vroeger bestaan, waar komen ze dan vandaan?

Het collectieve onbewuste

Om het collectieve onbewuste beter uit te leggen, laten we het woord aan Carl Jung zelf over, die het beschrijft in zijn artikel uit 1936, gepubliceerd met de titel: "Das Konzept des kollektiven Unbewussten".

"Het collectieve onbewuste maakt deel uit van de psyche. Het kan worden onderscheiden van het persoonlijke onbewuste door het feit dat het zijn bestaan niet te danken heeft aan persoonlijke ervaring en daarom geen persoonlijke verwerving is.

Het individuele onbewuste bestaat in wezen uit inhoud die aanwezig was in het bewustzijn, maar vervolgens verdwenen omdat ze waren vergeten of verwijderd.

In plaats daarvan is de inhoud van het collectieve onbewuste nooit in bewustzijn aanwezig geweest en daarom nooit individueel verworven, maar hun bestaan uitsluitend te danken aan erfenis.

Het individuele onbewuste bestaat voornamelijk uit complexen. In plaats daarvan wordt de inhoud van het collectieve onbewuste in wezen gevormd door archetypen.

Mijn stelling is daarom het volgende. Er is een eerste psychisch systeem, dat ons individuele bewustzijn omvat. Het omvat ook het persoonlijke onbewuste. Verder is er een tweede psychisch systeem van collectieve en universele aard, dat niet verwijst naar de individuele sfeer maar identiek is in alle individuen.

Dit 'collectieve onbewuste' ontwikkelt zich niet bij individuen, maar wordt geërfd. Het collectieve onbewuste bestaat uit "reeds bestaande vormen", de "archetypen. "

Daarom is er volgens Jung een niveau van bewustzijn buiten onze geest geplaatst, niet beperkt tot onze schedel maar afstandelijk en autonoom met betrekking tot onze lichamelijkheid.

Dit bewustzijnsniveau, dat een psychisch niveau is, kan nergens worden geplaatst. Het is niet "iets" dat breedte, hoogte en gewicht heeft. Het kan hier niet vandaan worden gehaald en daarheen worden verplaatst.

Het collectieve onbewuste bestaat op dezelfde manier waarop onze ziel bestaat.

Het collectieve onbewuste bestaat zoals de jaren van een berg kunnen bestaan of zoals de helderheid van het rivierwater bestaat. Niemand kan de leeftijd van de boom of de stroom van de rivier zien of wegen, maar niemand kan ontkennen dat deze dingen bestaan.

Het collectieve onbewuste is een absoluut psychische realiteit die de ervaringen van alle mensen bevat, in de vorm van archetypen. Het voordeel is dat alle mensen kunnen "dialoog met archetypen. "

Vandaag kunnen we met behulp van een technologische taal zeggen dat alle informatie met betrekking tot het menselijk ras wordt opgeslagen in een enorme hoeveelheid "computerbestanden", archetypen genaamd.

Omdat alle mensen kunnen communiceren met de archetypen van het collectieve onbewuste, volgt hieruit dat ze allemaal grote wijsheid bezitten zonder het te weten.

Ik schrijf deze woorden met behulp van mijn computer. In zijn geheugen is er een woordenboek en een programma om grammaticale fouten te corrigeren. Ik heb deze programma's niet gemaakt en ik wist niet eens dat ze bestonden totdat ik een typefout maakte.

Ik weet niet precies waar deze "toepassingen" zijn. Misschien zijn ze "in de cloud" geplaatst. Wanneer ik me echter vergis, komen deze toepassingen tussenbeide. De eerste paar keren keek ik naar het scherm met de kleine woorden rood gemarkeerd, en ik begreep niet waarom.

Geleidelijk raakte ik eraan gewend en realiseerde ik me dat het rode hoogtepunt een fout aangeeft. Helaas geeft de software vaak niet aan welke fout het is.

Het zou interessant zijn als de beste delen van mijn geschriften in blauw worden onderstreept, om aan te geven dat een mysterieus deel van de software tevreden is over hoe ik schrijf.

Misschien zou ik dit niet eens begrijpen, omdat de computer zichzelf uitdrukt op een manier die niet meteen begrijpelijk is. Het is vaak noodzakelijk om een referentiehandleiding te raadplegen.

Synchroniciteiten zijn zoiets als dit.

We ontvangen signalen die afkomstig zijn van een "grammaticacontrole" die op een onbepaalde plaats wordt geplaatst. Het is een software verspreid in een enorme "cloud".

Synchroniciteit spreekt ons aan met behulp van een "machinetaal"; het betekent dat het zich op een onbegrijpelijke manier uitdrukt.

De archetypen lijken op deze grammaticacontrole.

Soms glijden de archetypen uit het collectieve onbewuste naar beneden en komen ze ons bewustzijn beïnvloeden.

De archetypen komen om de correcties voor te stellen op de woorden die we in het verhaal van ons leven schrijven.

We moeten voorkomen dat we ons geïrriteerd voelen wanneer dit gebeurt, zelfs als de interventie van de archetypen afleveringen oplevert die moeilijk te begrijpen zijn, zoals de vreemde toevalligheden.

Dit zijn rode of blauwe lijnen. We voelen de aanwezigheid van een verborgen betekenis, maar we begrijpen de betekenis ervan niet precies.

Een idee zo oud als de wereld

Carl Jung had het verdiende vermogen om zijn proefschrift over het collectieve onbewuste te publiceren volgens criteria van wetenschappelijke strengheid.

Het idee was echter niet nieuw. Sinds het begin van de mensheid en sinds de eerste manifestaties van het menselijk denken, heeft het geloof in een hoger psychisch niveau zich ontwikkeld. Het concept van 'ideeënwereld' werd geboren in de Griekse beschaving.

Kortom, de mens heeft altijd geloofd in een spirituele entiteit die los staat van de materiële realiteit. Meestal domineert de spirituele entiteit.

Elke keer dat een goddelijkheid wordt geïdentificeerd in natuurlijke objecten, zoals de zon of de maan, is er altijd een persoonlijkheid aan dat object toegeschreven. De zon komt op en gaat elke dag onder om de aarde leven te geven.

De zon heeft echter zijn eigen wil, dus hij zou ook op een ochtend kunnen besluiten om niet op te staan.

Uit deze angst komt de noodzaak om te eren en hulde te brengen tot het punt van het organiseren van een cultus en het brengen van offers om het te behagen.

De overtuigingen van de animistische religies van het Paleolithicum en het Neolithicum veranderden in de klassieke periode van het oude Griekenland in een meer verfijnd concept, dat van "Soul of the world".

Tegenwoordig is dit concept bekend met een uitdrukking in het Latijn "Anima Mundi". Het is een filosofisch concept dat door de volgelingen van de Griekse filosoof Plato wordt gebruikt om de vitaliteit van de natuur aan te geven.

De Anima mundi drukt de totaliteit van de natuur uit en beschouwt het als een levend organisme dat begiftigd is met uniekheid.

Tegelijkertijd is de ziel van de wereld echter nauw verwant met de ziel van elk individu. Het concept impliceert dus een universum waarin "alles één is", maar elke individualiteit behoudt de kenmerken die hem onderscheiden.

In samenwerking met Wolfgang Pauli (Nobelprijs voor natuurkunde in 1945) verdiept Carl Jung de mogelijkheid dat de concepten "Archetipo" en "Synchroniciteit" kunnen worden gerelateerd aan een realiteit die "Unus mundus" definieerde.

Het is een realiteit waaruit alles naar voren komt en alles terugkeert naar haar.

Het is hetzelfde als het concept van "Anima mundi" dat afkomstig is van het "monisme" van Plato dat later werd ontwikkeld door de neoplatonistische filosofen.

De filosofieën en religies hebben het concept van de ziel van de wereld aanvaard en geïntegreerd.

Tegenwoordig is dit concept aanwezig, met verschillende namen, in de oosterse filosofie. We kunnen ons de 'Tao' van de Chinese cultuur of 'Atman' van de Indiase cultuur herinneren. Maar we vinden dit concept ook in de westerse religiositeit, in de figuur van de "Heilige Geest".

Zelfs seculiere cultuur verwijst naar de ziel van de wereld met veel verschillende namen, zoals bijvoorbeeld universele geest, globaal bewustzijn, geest van de wereld.

Over het "collectieve onbewuste" gesproken, we verwijzen niet naar een van deze entiteiten, maar we benadrukken dat er sterke overeenkomsten zijn met elk van deze entiteiten.

De archetypen

Het collectieve onbewuste roept dus veel overeenkomsten op met de spirituele concepten die zijn ontwikkeld in de culturele evolutie van de mens.

Andere overeenkomsten worden opgeroepen door een ander concept dat verband houdt met het "collectieve onbewuste" van Carl Jung.

Laten we het hebben over de 'archetypen'.

De archetypen zijn conceptuele categorieën die worden beschouwd als vergelijkbaar met archaïsche structuren zoals die typerend voor mythen en religies, maar ook vergelijkbaar met de sprookjesachtige karakters van de populaire cultuur.

In feite geloofde Jung zelf dat hij niets nieuws had voorgesteld. Hij erkende dat archetypen als vergelijkbaar kunnen worden beschouwd met de belangrijkste mythologische typologieën van elk historisch tijdperk en van elk menselijk ras.

Daarom kunnen archetypen zo oneindig zijn als het vermogen van het menselijk denken om echte of fantastische situaties te genereren oneindig is.

Er is het archetype van de dood en het archetype van angst, het archetype van zinloze wreedheid en het archetype van compassie voor pijn.

Er zijn ook alle archetypen verbonden met de visies die door onze dromen worden gegenereerd. In dromen worden droomfiguren symbolen, dat wil zeggen, ze worden archetypen. Laten we praten over figuren zoals het paard, de spin, de sprong in de leegte of de wolf die ons achtervolgt.

Elke figuur die door onze geest wordt voorgesteld, is aanwezig als een archetype in het collectieve onbewuste. Elke figuur heeft een betekenis die niet overeenkomt met de figuur zelf, maar een symbolische waarde heeft. Het paard symboliseert bijvoorbeeld de wens om in de spirituele werelden te reizen.

Zelfs Plato, zoals Jung, gelooft dat de archetypen ons door erfelijkheid toebehoren, zonder ervaring te hebben opgedaan met hun inhoud.

Plato gelooft dat we de archetypen kennen omdat we ze al hebben gezien voordat ze werden geboren. Om deze theorie te ondersteunen gebruikt hij de "reminiscentieleer". Onze ziel wordt, voordat hij een lichaam binnengaat, geleefd in de "wereld van ideeën".

In deze wereld heeft de ziel haar kennis verworven, die niet verloren gaat wanneer dezelfde ziel in het lichaam wordt belichaamd.

Daarom bevestigt Plato dat "Weten is herinneren" (να ξέρει είναι να θυμάται) omdat we vóór de geboorte kennis zouden hebben verworven.

Jungs collectieve onbewuste daarentegen is een plek waar ideeën niet toegankelijk zijn voor onze ziel vóór de geboorte. Deze ideeën, dat zijn de archetypen, manifesteren zich alleen in ons individuele onbewuste na de geboorte gedurende ons hele leven.

Soms beschouwen we archetypen als abstracte concepten. Jung beschouwde ze niet als zodanig, omdat abstractheid geen eigen 'vorm' heeft.

Jung daarentegen geloofde dat archetypen zich konden manifesteren door een 'vorm' aan te nemen.

In staat zijn om "vormen aan te nemen" in ons onbewuste, archetypen zijn bronnen van "psychische energie".

Dus de archetypen zijn in staat hun potentieel in de mens te laten vloeien door dromen, vreemde toevalligheden, voorgevoelens en spirituele intuïties die de basis zijn van synchronistische episodes.

Het verschil tussen Plato's conceptie en Jung's conceptie ligt in het proces waardoor het individu de geërfde ideeën kent die geen verband houden met de ervaring.

Volgens Plato kent de ziel de ideeën voordat ze het lichaam ingaat. In plaats daarvan grijpen de archetypen volgens Jung in het individuele onbewuste in na de geboorte en gedurende het hele leven.

Dit verschil wordt duidelijker als we bedenken dat, volgens Jung, de actie van de archetypen veel krachtiger wordt op de momenten waarop het individu momenten van stress of momenten van crisis en transformatie doormaakt.

In feite is het bewuste deel van het individu rationeler en heeft het meer kans om compromissen te sluiten met de realiteit van het leven.

In plaats daarvan is het onderbewustzijn meer instinctief en fantasierijk en vaak niet bang om instinctief en irrationeel gedrag te introduceren.

Bijgevolg werpt het bewuste deel van het individu een solide projectiebarrière op om het instinct van het onbewuste op afstand te houden.

Dit is niet altijd goed, en vaak werkt het niet. Er zijn momenten waarop de door het bewustzijn opgeworpen barrière wiebelt of zelfs instort. Het zijn momenten van existentiële crisis, zoals het verlies van een baan, het einde van een relatie of het verdwijnen van een familielid.

In deze gevallen is het rationele geweten getraumatiseerd, omdat het botst met een realiteit die zich niet zo rauw en pijnlijk voorstelde.

Geweten stelt de juistheid van zijn overtuigingen in vraag en vraagt zich af hoe het een fout heeft gemaakt.

In deze gevallen worden de verdedigingen verlaagd, de beschermende barrière is niet langer onverslaanbaar.

Door het onderbewustzijn van het individu ontstaat een stroom psychische materialen die de barrière overstijgt en de vorm van synchroniciteit kan aannemen.

Daarom gaat een synchroniciteit normaal gesproken altijd gepaard met de behoefte aan verandering. Soms gaat het eraan vooraf of stelt het voor. Hij doet het echter altijd in een symbolische vorm en gebruikt een uiterst moeilijke taal om te ontcijferen.

Onder de vele voorbeelden die aanwezig zijn in het archief van Jung, is waarschijnlijk de meest bekende die die plaatsvond tijdens de therapie van een patiënt.

In zijn essay gepubliceerd in 1952 met de titel "Synchronicity: An Acausal Connecting Principle" beschrijft Jung de gebeurtenis met deze woorden:

"Een jonge patiënt had een droom, op een beslissend moment in de terpia. In de droom ontving de jonge vrouw een gouden kever als een geschenk. Terwijl de jonge vrouw me deze droom vertelde, zat ik met mijn rug naar het gesloten raam. Plots hoorde ik een geluid achter me, alsof er iets zachtjes tegen het raam klopte.

Ik draaide me om en zag een gevleugeld insect dat van buiten tegen het raam botste. Ik opende het raam en ving het insect. Het leek erg op een gouden kever, dat wil zeggen op een "Cetonia aurata", de coleoptera van rozen.

Blijkbaar had het insect op dat moment de neiging gehad om onze donkere kamer binnen te gaan. Dit, in tegenstelling tot zijn gewoonten.

Ik moet hieraan toevoegen dat een dergelijk geval mij nooit eerder is overkomen en dat ik het later niet heb gedaan; Die droom van de patiënt is uniek gebleven in mijn ervaring. "

Later merkt Jung op dat de patiënt een uitzonderlijk moeilijk geval was en tot die dag had ze niet eens een kleine verbetering.

Ze was een zeer rationele vrouw in haar overtuigingen. Om de vrouw te schudden zou een buitengewone gebeurtenis nodig zijn geweest, maar Jung kon het niet produceren.

De droom van de kever had die functie gehad, omdat hij indruk op de patiënt had gemaakt en als gevolg daarvan haar harnas had verminderd.

Toen het insect echter door het raam kwam, reageerde de jonge vrouw veel sterker. Jung beschrijft zijn reactie als volgt:

"Zijn natuurlijke essentie slaagde erin het pantser te doorbreken en het transformatieproces dat altijd bij een therapie moet horen, begon op gang te komen".

Later legt Jung de gebeurtenis in psychotherapeutische termen uit en beschrijft waarom de aflevering effectief bleek te zijn voor het herstel van het meisje.

Jung wijst erop dat de kever een klassiek symbool van wedergeboorte is. Volgens de beschrijving van het oude Egyptische boek "Am-Tuat", verandert de zonnegod op het pad na zijn dood in een scarabee in het tiende stadium.

In deze vorm komt de zon op naar het twaalfde stadium. Hier verjongt hij en kan hij op de boot stappen die hem naar de dageraadhemel vervoert. Op deze manier kan de zonnegod in een nieuwe dag worden herboren.

Hoe synchroniciteit optreedt

Synchroniciteiten gebeuren in het leven van mensen, plotseling, wanneer de zieke psyche enige analogie waarneemt tussen zijn behoeften en de archetypen van het collectieve onbewuste.

In deze gevallen kan de psyche archetypen gebruiken door het onderbewustzijn.

Inderdaad, archetypen staan te popelen om samen te werken aan het welzijn van het individu. Volgens sommige theorieën kunnen dezelfde archetypen het initiatief nemen.

Het verschil is aanzienlijk. In het eerste geval wordt het bestaan van een psychische container verondersteld waaruit de intelligentie van het individu informatie kan extraheren, zoals water uit een put.

In het tweede geval stellen we ons het bestaan voor van een superieure intelligentie die in staat is de behoeften van individuen te kennen en op eigen initiatief tussenbeide komt in hun hulp.

In de meeste gevallen lijkt de tweede hypothese de meest waarschijnlijke. Bij het analyseren van verschillende gevallen van synchroniciteit, zouden we allemaal worden geleid om een richting te identificeren, of zelfs de aanwezigheid van een "universele geest". We hebben het over een 'ziel van de wereld' die zichzelf kan presenteren en werkt ten gunste van alle wezens, zonder grenzen van ruimte en tijd. We kunnen deze Geest noemen met de naam die we verkiezen.

Op deze manier wordt het universum een unitaire realiteit, onderling verbonden (entangled) in al zijn delen.

Elk ogenschijnlijk afzonderlijk element vormt in feite één ding met het geheel.

De mens, in zijn individualiteit, dat wil zeggen in zijn ego, wordt een molecuul, het deel van een groter organisme dat we intelligente kosmos kunnen noemen.

De Cosmic Mind (of Universal Mind) beschermt de mens en leidt hem door synchronistische afleveringen.

Jung noemde deze verenigende realiteit van materie en geest "das Psychoide". Het is een niveau dat boven materie en psyche ligt, maar beide omvat.

Zoals we in de vorige voorbeelden hebben gezien, lijkt het collectieve onbewuste immers niets op een winkel met gestapelde goederen, maar heeft het een intelligentie die zich uitstrekt tot het verleden en de toekomst.

Deze intelligentie kan niet worden verklaard door onze denkcategorieën. We zijn gewend aan een wereld waar de dingen na elkaar gebeuren. In onze ervaring is elk feit een "gevolg" van een eerder feit en een "oorzaak" van een volgend feit.

Op het niveau van het collectieve onbewuste kan informatie het bewustzijn in elke volgorde bereiken, zonder het verloop van de tijd te respecteren. Dit gebeurt wanneer een voorgevoel ons ergens voor waarschuwt voordat het feit gebeurt. Het gebeurt ook wanneer een "telepathische oproep" ons de gevaarsituatie vertelt van een persoon aan wie we gebonden zijn door vriendschapsbanden. In dit geval heeft de communicatie geen tijd- of afstandslimieten. De persoon kan honderden mijlen verwijderd zijn.

Er zijn duizenden getuigenissen van mensen die midden in de nacht wakker werden terwijl een vriend werd aangevallen of betrokken bij een ongeval.

Er zijn ook talloze verslagen over de kennis van de dood van een persoon die ver weg woont. Deze kennis ontstaat op hetzelfde moment dat de persoon sterft.

We kunnen de typische kenmerken van een synchronistisch fenomeen samenvatten in de paar uitspraken die volgen.

Een synchroniciteit is de som van twee of meer belangrijke feiten die niet logisch met elkaar verbonden zijn.

Deze feiten hebben een verborgen betekenis en zijn alleen begrijpelijk voor de persoon die betrokken is bij synchroniciteit.

Synchroniciteit bestaat uit twee delen. Het eerste deel is dit. Overal ter wereld en op elk moment ontvangt een persoon een beeld in zijn onderbewustzijn. Hij kan het ontvangen in de vorm van een droom, onheil, telepathische informatie, plotseling idee, direct beeld of symbolisch beeld.

Het tweede deel is dit: overal ter wereld en op elk moment bevestigt een echte gebeurtenis of feit het beeld dat de persoon ontvangt.

Of de persoon die synchroniciteit ontvangt, kan het interpreteren als een gids voor de verbetering van zijn leven.

Bestemming of synchroniciteit?

De Amerikaanse schrijver Louis L'Amour (pseudoniem van Louis Dearborn LaMoore) vertelt op zijn website het ongelooflijke verhaal van mevrouw Sarah Richley, een rustige huisvrouw. Zijn zoon Peter had een overweldigende passie voor de zee. Toen Peter volwassen was, besloot hij aan boord te gaan en zijn leven door te brengen in het element waar hij zo van hield. Hij deed dit ondanks het feit dat zijn moeder bezorgdheid had geuit en een tegengestelde mening had. Zowel door nalatigheid als door moeilijkheden bij het onderhouden van contact met het vasteland, verloren moeder en zoon elkaar uit het oog.

Dit is de proloog. In het volgende ontvouwt het verhaal zich in twee bedrijven.

De eerste akte zal dienen om het avontuur te vertellen dat Peter beleefde tijdens een van zijn reizen, in 1829. Dit zijn echte gebeurtenissen, zorgvuldig overgeschreven in de scheepsregisters.

Deze ongelooflijke feiten zijn ook opgenomen in het zevende deel van de "Grote encyclopedie van de zee", geregisseerd door de beroemde documentairemaker Folco Quilici.

Het ongelooflijke verhaal van Sarah Richley. Akte I

In oktober 1829 zeilde een Australisch schip genaamd de "Mermaid" van Sydney naar Collier Bay, in het westelijke deel van het Australische continent, onder het bevel van Samuel Nolbrow.

Het schip was een schoener, had 18 bemanningsleden, waaronder Peter Richley, en vervoerde ook drie passagiers.

Op de vierde dag van de navigatie, toen de boot zich in de uiterst gevaarlijke Torres Strait bevond, tussen Australië en Nieuw-Guinea, gebeurde het onherstelbare.

Grote dreigende wolken met regen kwamen dichterbij.

De wind ging liggen en het schip bevroor. Midden in de nacht brak een hevige storm uit die het schip trof.

De schoener "Mermaid" werd herhaaldelijk tegen een koraalrif gesmeten en verbrijzeld ondanks de wanhopige inspanningen van de bemanning.

De 21 mannen verlieten het schip en doken de zee in om bij een rots te komen.

De kapitein werd als laatste gered en ontdekte dat alle 21 veilig waren.

De overlevenden brachten drie dagen en drie nachten door op de rots.

Op de vierde dag voer de brik genaamd "Swiftsure" in dat gebied. Hij zag de overlevende schipbreukelingen en redde ze

Na vijf dagen kreeg de Swiftsure echter ook te maken met een turbulente zeestroming en zonk.

Alle mannen verlieten snel het schip. Ook dit keer werd iedereen gered.

Gelukkig passeerde na korte tijd de schoener genaamd "Governor Ready", die 32 bemanningsleden had.

De schoener bracht de overlevenden van de twee eerder tot zinken gebrachte schepen aan boord.

Helaas waren de slechte gebeurtenissen nog niet voorbij. De schoener hervatte zijn reis, maar werd gebukt onder het gewicht van te veel mensen.

Een paar uur later brak er brand uit op het schip.

Niemand slaagde erin de vlammen te doven en alle bemanningen van de schepen "Mermaid",

"Swiftsure" en "Governor Ready" gingen aan boord van de reddingsboten.

Maar ook dit keer kunnen de overlevenden hun geluk bedanken, want na korte tijd verschijnt het Australische schip "Comet" aan de horizon.

Door een gelukkig toeval was deze boot door een storm van de vaarkoers geduwd, waardoor hij de reddingsboten tegenkwam.

Toen de matrozen van de "Comet" hoorden dat die mensen de overlevenden waren van drie scheepswrakken, hadden ze er spijt van dat ze ze hadden gered. Ze waren nu echter aan boord.

Op het schip ontstond een klimaat van grote spanning omdat de matrozen van de "Comet" ervan overtuigd waren dat die mensen gepaard gingen met een boosaardig lot. Ze vreesden dat hetzelfde lot ook de "Comet" zou treffen.

Ze hadden het niet mis.

Na vijf dagen varen leed ook de "Comet" schipbreuk. Deze keer waren er geen reddingsboten voor iedereen, dus veel matrozen bleven in het water en klampten zich vast aan de overblijfselen van het gezonken schip.

Ze moesten 18 dagen lang weerstand bieden.

Toen kwam een Australische poststomer genaamd "Jupiter".

Ongelooflijk, na vier scheepswrakken waren er geen slachtoffers onder de schipbreukelingen. In feite raakte niemand zelfs maar gewond, behalve de kleine blauwe plekken die u zich kunt voorstellen.

Waarschijnlijk had Peter Richley in al deze zaken zijn verlangen naar navigatie gekalmeerd. Maar het verhaal was nog niet voorbij. Na een korte navigatie raakte ook het stoomschip "Jupiter" een rots en zonk.

Gelukkig passeerde het passagiersschip "City of Leeds" in de buurt van dit laatste scheepswrak. Dit schip heeft alle overlevenden van de vijf scheepswrakken gered en in Sydney in veiligheid gebracht. In deze Australische stad kon iedereen van boord gaan en hun avontuur vertellen.

De verteller in de "Encyclopedia of the sea" besluit zijn verhaal met dit commentaar:

'Gewoon toeval? Misschien, maar in gevallen als deze lijkt het erop dat er een hogere entiteit is die gebeurtenissen manipuleert.

Deze entiteit trekt gebeurtenissen af van het toeval en leidt ze naar conclusies die lijken aan te sluiten bij menselijke verlangens ... "

Hier eindigt het verhaal dat we hebben gedefinieerd als "Eerste deel".

Wat Peter Richley betreft, is het verhaal echter nog niet voorbij.

Voordat hij van boord ging, terwijl hij nog aan boord was van het schip "City of Leeds", maakte Peter de tweede akte van het verhaal mee. Dit tweede bedrijf is, indien mogelijk, zelfs nog ongelooflijker dan het eerste bedrijf.

Het ongelooflijke verhaal van Sarah Richley. Tweede deel

Laten we teruggaan naar de vertelling van de schrijver Louis L'Amour. Dit keer gebeurt alles aan boord van het passagiersschip "City of Leeds".

Dit schip was vertrokken uit het VK en was onderweg naar Sydney. Het vervoerde passagiers uit verschillende lagen van de bevolking die om verschillende redenen Australië wilden bereiken.

Gezien het grote ongemak van het reizen op schepen in de 19e eeuw, waren de reizigers meestal jonge en robuuste mensen, in goede gezondheid.

Normaal gesproken had de scheepsarts geen grote problemen bij het uitvoeren van zijn werk.

Tijdens deze reis had de dokter echter grote moeilijkheden ondervonden door een oude dame die alleen reisde.

Op een gegeven moment was de oude vrouw ingestort onder het gewicht van haar jaren en haar ziekten. Als gevolg hiervan werd de vrouw opgenomen in de ziekenboeg van het schip.

De dokter had haar verschillende keren gevraagd:

'Maar waarom wilde u, mevrouw, zo oud, deze reis van Engeland naar Australië ondernemen?'

Elke keer antwoordde de vrouw dat ze al jaren niets van haar zoon had gehoord. Omdat ze onlangs had vernomen dat deze zoon op schepen langs de Australische kustroutes werkte, had ze besloten aan boord te gaan om hem te zoeken.

Tijdens deze dialogen haalde de oudere dame telkens een klein portret uit haar tas om de dokter het gezicht van de jongeman te laten zien.

"Dit is mijn zoon. Ik zou hem graag nog een keer willen zien en dan zou ik in vrede kunnen sterven. Help me, dokter. "

De dokter was een gevoelig persoon en wilde haar helpen, maar ze wist niet hoe.

Na een van deze dialogen bracht de dokter een controlebezoek aan de schipbreukelingen die op zee werden gered.

Terwijl hij nog steeds het beeld van de zoon van de vrouw in zijn ogen had, zag hij een zeeman wiens kenmerken behoorlijk op elkaar leken.

De zeeman had donker haar, een hoog voorhoofd, een gebogen neus, dunne lippen en een uitgesproken kin. Bij een vluchtig onderzoek lijkt het misschien op het portret. Zelfs de leeftijd van de zeeman kon evenaren. Er was inderdaad een goede overeenkomst.

De dokter werd getroffen door een idee.

Waarom stel je deze jonge man niet voor aan de oude dame? ' In feite was de visie van de vrouw niet langer perfect.

Hij geloofde dat deze welwillende misleiding de bejaarde moeder in staat zou stellen haar leven vreedzaam te beëindigen.

De dokter legde de jongeman alles uit en vroeg hem of hij de rol van zoon wilde spelen. De jongeman wilde het echter absoluut niet weten.

De dokter stond erop:

'Je zou tenslotte alleen maar een werk doen voor het goede. Je moet gewoon even doen alsof je Peter heet. '

De jonge man begon zich over te geven.

"Ik zou niet liegen, want mijn naam is eigenlijk Peter. Maar ik zou graag meer willen weten. Wie is deze dame precies? "

"Het is een Engelse vrouw, een zekere Sarah Richley".

De jonge Peter werd bleek en een diepe trilling schudde zijn hele lichaam en riep toen uit:

'Maar het is mijn moeder!' De oude dame was Peters moeder.

De zaak had een buitengewoon resultaat opgeleverd: de moeder en zoon ontmoetten elkaar vanwege vijf scheepswrakken.

Maar is dit echt toevallig gebeurd? Of was de bijeenkomst het resultaat van een ongelooflijke reeks synchrone afleveringen?

Voor liefhebbers van verhalen met een happy end, laten we zeggen dat de dame, voor de vreugde haar zoon te hebben gevonden, haar gezondheid herstelde en nog vele jaren leefde.

Pinkstervoorganger Philip Harrelson herinnert zich dit verhaal elk jaar in zijn preek op Moederdag. Deze gewoonte wordt vermeld op haar website:

https://www.sermoncentral.com.

Sommigen beweren dat het verhaal niet waar is, omdat de gebeurtenissen plaatsvonden in 1829. In plaats daarvan werd het schip City of Leeds later gebouwd.

Eigenlijk zijn de zeeën gevuld met schepen met dezelfde naam.

Naast de "City of Leeds" van onze geschiedenis werd in 1903 nog een "City of Leeds" gelanceerd, samen met zijn zusterschip "City of Bradford". Een ander schip werd in 1950 gelanceerd onder de naam "City of Ottawa", maar werd later omgedoopt tot "City of Leeds" in 1971.

Twee andere vrachtschepen met de naam "City of Leeds" werden te water gelaten in 1908 en 1944.

Synchroniciteiten zijn emanaties van een universele geest.

Is er definitief bewijs dat synchroniciteiten geen illusies zijn van onze psyche? Kunnen we redelijkerwijs beweren dat synchroniciteiten van een hogere geest komen?

Er zijn episodes van synchroniciteit waarbij veel mensen samenwerken om een evenement te bouwen dat slechts één persoon interesseert.

Een soortgelijke gebeurtenis wordt vertegenwoordigd door het vorige verhaal. Ik zou u eraan willen herinneren dat dit feiten zijn die zijn gedocumenteerd in de Naval Registers.

Maar dit is niet genoeg, er is veel meer.

Synchroniciteiten komen niet alleen tussen in het leven van alleenstaande individuen. Inderdaad, deze verschijnselen komen tussenbeide om de collectieve bestemming van de wereld vorm te geven.

Synchroniciteiten begeleiden gemeenschappen van mensen, volkeren, naties en de hele wereld naar een hoger kennisniveau.

Het is een reis van culturele en spirituele evolutie. Synchroniciteiten leiden de mensheid naar een onbekend en ondenkbaar doel.

De jezuïetenwetenschapper Pierre Teillard de Chardin theoretiseerde het bestaan van het "Omega Point".

Het "Omega Point" is het hoogste niveau van complexiteit en bewustzijn. Ik geloof dat een "kosmische geest" synchroniciteiten gebruikt om de mensheid naar het "Omega Point" te leiden.

Veel mensen denken na over een vreemde eigenaardigheid van de evolutie van de menselijke soort. De mens verscheen ongeveer 4 miljoen jaar geleden. Sinds die tijd heeft de mens miljoenen jaren geleefd in de toestand van een bruut wezen uit het stenen tijdperk

In de afgelopen 12.000 jaar heeft de mens echter een ongelooflijke evolutionaire sprong gemaakt die hem van het stenen tijdperk naar de ijzertijd en vervolgens naar het informatietijdperk heeft getransporteerd, het tijdperk dat we momenteel doormaken.

Is het logisch dat de mensheid gedurende miljoenen jaren geen significante evolutionaire sprong heeft gemaakt (afgezien van het vermogen om op verschillende manieren steen te bewerken) en vervolgens in een zeer korte periode het huidige niveau van beschaving heeft bereikt?

Pas in de laatste 0,003% van zijn evolutie is de mens in staat geweest om de nieuwe technologieën te ontwikkelen die steden hebben getransformeerd van clusters van strohutten in grote groepen wolkenkrabbers.

Benadrukt moet worden dat dieren, ondanks dezelfde historische tijd, geen spirituele of gedragsmatige evolutie hebben bereikt.

Een bepaalde wetenschap die mensen met dieren verenigt, kan dit feit niet verklaren.

Als alles van de mens afhing, had onze evolutie in de loop van de tijd geleidelijker moeten verlopen.

Maar nee, al onze ontwikkeling, vanaf de ontdekking van de landbouw, vond plaats in een minimaal deel van onze reis door de geschiedenis.

Is het redelijk om je voor te stellen dat eindelijk, na 99,997% van onze reis, "Iemand" of "een beetje Energie" heeft besloten dat dit het juiste moment was voor de mensheid?

Heeft iemand, na vier miljoen jaar, eindelijk besloten dat de mensheid moet worden "geduwd", "geleid" naar een hoger stadium van zijn bestaan?

In de afgelopen vier eeuwen hebben we een periode van diepgaand materialisme meegemaakt. In deze tijd is het bestaan ontkend van wat niet kan worden gewogen, gemeten en gereproduceerd in het laboratorium.

In tegenstelling tot deze materialistische tendens, willen veel synchroniciteiten, die zich sinds de vorige eeuw hebben ontwikkeld, de wereld leiden tot het besef dat de kosmos niet alleen uit materie bestaat.

De Kosmos heeft twee dimensies, de materiële en de psychische.

Veel gebeurtenissen van de afgelopen decennia bevestigen dit. Wij herinneren:

- De werken van Carl Jung, een prestigieuze psycholoog.

- Jungs ontmoeting en samenwerking met Wolfgang Pauli, Nobelprijs voor natuurkunde.

- De ontwikkeling van de kwantumfysica en de ontdekking van het fenomeen "verstrengeling" die we in het tweede deel van het boek zullen bespreken.

Al deze gebeurtenissen en vele andere gerelateerde gebeurtenissen kunnen worden beschouwd als onderdeel van een grote synchroniciteit.

Het is een synchroniciteit die de ineenstorting veroorzaakt van de valse mythen volgens welke het universum alleen bestaat uit materie die wordt gedomineerd door causaliteit.

Tegelijkertijd voorspelt deze wereldwijde synchroniciteit een nieuwe evolutionaire sprong voor de mensheid. Op dit nieuwe niveau zullen de redenen van de psyche, lang onderdrukt door het materialisme, hun plaats en hun belang vinden.

Maar goed, waar is het bewijs?

Alles wat tot nu toe is gezegd, is in botsing gekomen en blijft in botsing komen met de absoluut meerderheid van wetenschappelijke kringen.

Deze omgevingen ontkennen als principe het bestaan van alles dat kan worden gedefinieerd als "psychisch" of "spiritueel".

Ze beweren dat het hele universum alleen uit "dingen" bestaat, dat wil zeggen uit materie. Deze materialistische interpretatie van de moderne wetenschap werd geboren in de achttiende eeuw, met de komst van de Verlichting.

De verlichting

"Le siècle des Lumières", ontstaan rond 1700 in Engeland, was een filosofische, politieke, culturele en sociale beweging. Deze interpretatie van de werkelijkheid ontwikkelde zich snel in heel Europa en bereikte zijn hoogtepunt in Frankrijk.

De naam "Verlichting" is afgeleid van de wil van zijn promotors en zijn aanhangers. Ze wilden "de geest verlichten" van andere mensen. Naar hun mening was de geest van de mensen in die tijd verduisterd door bijgeloof en onwetendheid.

De Verlichting werd verwelkomd en omarmd door het merendeel van de gecultiveerde en aristocratische samenleving, ondanks de contrasten van kerkelijke macht. Maar uiteindelijk won de materialistische visie en slaagde erin de negationistische waarden van de geest in sociale zeden op te leggen.

Vanaf de eerste filosofen werd aangenomen dat de rede een nuttig middel was om de hoogste waarheden te overdenken. In plaats daarvan beschouwden de aanhangers van de Verlichting de rede als een praktisch, operationeel en functioneel instrument voor de ontwikkeling van mechanische vooruitgang.

Volgens de Verlichting liggen de verworvenheden van de rede niet langer in filosofische speculaties, maar in het bereiken van praktische resultaten.

De Enlighteners beweren dat de rede alleen nuttig is als ze feiten en dingen rationeel kan verklaren, zonder te verwijzen naar metafysische argumenten.

In het verlangen om mensen te bevrijden van onredelijke angsten voor het onbekende, voerde de Verlichting aan dat elke man in zichzelf het vermogen bezit om de werkelijkheid die hem omringt te begrijpen. Om dit doel te bereiken, moet de mens zich echter bevrijden van bijgelovige overtuigingen.

Volgens de Verlichting worden deze overtuigingen opgelegd door een macht die erin geïnteresseerd is de mensen in onwetendheid te houden om ze gemakkelijker te kunnen domineren.

De bedoelingen waren goed. Helaas zijn de bedoelingen bij grote revoluties altijd goed totdat ze worden toegepast. In de praktijk komt het vaak voor dat de baby wordt gewassen en vervolgens met het badwater wordt weggegooid.

Deze trend van de Verlichting blijft schade aanrichten in de moderne samenleving.

Een van de hoofdprincipes van de Verlichting stelt dat de wereld een machine is. Deze machine volgt de bekende natuurkundige wetten en de wetten die nog niet bekend zijn. Helaas heeft de machine geen zin. Er is geen doel in de hele schepping, en bijgevolg is er geen doel in het bestaan van de mens. Ook de mens is een machine die zijn vitale functies zonder enig doel vervult. Als het apparaat breekt, wordt het weggegooid.

Denis Diderot was de auteur, samen met Jean-Baptiste D'Alembert, van de beroemde "Encyclopédie", gepubliceerd in 17 delen van 1751 tot 1772. Diderot interpreteert aldus de rol van een wetenschapper:

"Het beroep van de wetenschapper is om les te geven en niet om morele lessen te geven. In zijn leringen moet hij het 'waarom' buiten beschouwing laten en alleen naar het 'hoe' kijken.

Het 'hoe' is afgeleid van dingen, van wezens. In plaats daarvan is het "waarom" slechts een vrucht van het intellect. Het intellect is niet betrouwbaar .. Hoeveel absurde ideeën, hoeveel valse aannames, hoeveel hersenschimmen zijn er in de liederen ter ere van de Schepper! "

Ondanks deze afwijzing van alle spiritualiteit en de visie van een doelloze, op toeval gebaseerde realiteit, weigerde de Verlichting als materialisten te worden beschouwd. De filosoof Voltaire herhaalde verschillende keren dat hij niet bereid was te kiezen voor materialisme of spiritualisme.

The Age of Enlightenment en literaire salons

Juist vanwege de uitbreiding van de Verlichting die begon in de 18e eeuw, kreeg die historische periode de naam "Siècle des Lumières".
Onder de hoofdrolspelers kunnen we de Franse Voltaire, Montesquieu en Fontanelle herinneren. Deze hoofdrolspelers erkenden echter dat ze waren geïnspireerd door de Engelse filosofie die gebaseerd was op empirische rede en wetenschappelijke kennis, dat wil zeggen op de

overheersende elementen van het denken van Locke, Newton en Hume.

De Verlichting kreeg veel hulp van literaire salons.

Deze culturele traditie was aanwezig in Frankrijk vanaf de tijd van Lodewijk XIV.

In die tijd waren er dames, bekend om hun cultuur en hun wereldsgezindheid. Deze dames organiseerden bijeenkomsten in hun huiskamers, "bureaux d'esprit" genaamd. Soms waren de organisatoren ook mannen met een goede sociale reputatie.

Zo werden de bijeenkomsten van deze "bureaux d'esprit" georganiseerd door invloedrijke leden van de hogere klasse of de aristocratie. Deze organisatoren nodigden bekende persoonlijkheden uit om met elkaar te praten en over actuele kwesties te debatteren. Onder meer de salon van Madame Geoffrin was bekend. Deze dame nodigde literaire en filosofische beroemdheden uit zoals Diderot, Marivaux, Grimm, Helvétius.

Even bekend was de baron van Holbach, die, naast abt Galiani en andere filosofen, bijeenkomsten organiseerde die werden bijgewoond door dezelfde reeds genoemde personages.

Daarom werd het substraat dat de Verlichting voedde in wezen gevormd door de aristocratische en burgerlijke klasse.

Deze omstandigheid doet ons begrijpen waarom de theorieën van de Verlichting zich vooral in de hogere lagen van de samenleving verspreidden.

In plaats daarvan was de verspreiding in populaire kringen bijna onbestaande. Dientengevolge bleven degenen die verlicht hadden moeten zijn in het duister en werden uitgesloten van enig voordeel.

Als we echter geen rekening houden met de materialistische en atheïstische posities, zoals die van de laatste fase van Diderots denken, komt het concept van 'God' in de meeste verlichtingsdenkers voor.

Om deze natuurlijke intuïtie van hen te verzoenen met de theorieën die ze verkondigden, probeerden de Illuministen het bestaan van een God te rechtvaardigen met behulp van wetenschappelijke redeneringen.

Gezien de prachtige perfectie van de schepping, zij

stelde het bestaan van een "eeuwige landmeter" voor.

Dit was een probleem dat ook Voltaire plaagde:

"Als ik de volgorde en de wonderbaarlijke vaardigheid van de mechanische en geometrische wetten die het universum beheersen, evalueer, word ik gewonnen door bewondering en respect.

Ik geef deze opperste intelligentie toe. Ik ben overtuigd van het bestaan ervan. Ik ben niet bang dat iemand me van gedachten zal doen veranderen.

Maar waar is deze eeuwige landmeter? Is hij op een specifieke plaats aanwezig of is hij overal wijdverspreid?

Bezet hij een bepaalde ruimte of niet? Hierover weet ik niets ".

Helaas lieten de twijfels van Voltaire in de volgende eeuwen geen spoor achter. In het huidige wetenschappelijke landschap is het concept van "God", zelfs uitgedrukt in een dubitatieve vorm, volledig opgeheven.

Tegenwoordig zijn wetenschappelijke kringen, op zeer zeldzame uitzonderingen na, gericht op het materialisme, maar gelukkig slagen ze er niet in deze theorieën te verspreiden.

In feite blijven mensen van over de hele wereld, zelfs degenen die lange tijd onder de heerschappij van atheïstische totalitarismen hebben geleefd, geloven dat ze geen machines zijn.

Volgens materialisten zijn mannen willekeurige agglomeraties van materie. Het is uitgesloten dat mannen een spiritualiteit en een ziel kunnen hebben.

Vreemd genoeg denken materialisten dat "de anderen" niet-kritische automaten zijn die zich volgens mechanische wetten moeten gedragen.

De enige uitzondering is zijzelf, omdat ze zelf intelligent zijn en autonome gedachten kunnen verwerken.

Wat zijn de wetten van de klassieke fysica die niet kunnen worden overtreden?

De ontkenning van psychische realiteiten vloeit voort uit het feit dat deze in strijd zijn met de natuurkundige wetten waarop het universum dat we kennen, berust. Niet alleen de klassieke fysica, maar ook die van de relativistische fysica zijn aan deze regels onderworpen. Het zijn duidelijke en volledig beschreven regels.

De kennis van deze wetten maakt het mogelijk om op elk moment te voorspellen hoe de materie die de werkelijkheid vormt zich zal gedragen. We kunnen het gedrag van objecten voorspellen, van onze sigarettenaansteker tot de verste melkweg.

Er is een criterium genaamd "mechaniciteit" dat het bekende universum beheerst. Elke gebeurtenis hangt af van een oorzaak. Elk feit wordt op zijn beurt de oorzaak die een volgende gebeurtenis uitlokt.

Een bewegend lichaam dat een onbeweeglijk lichaam raakt, genereert een stuwkracht die nauwkeurig kan worden berekend.

In feite hangt de stuwkracht af van het gewicht van de twee lichamen en de snelheid van de eerste. Het tweede lichaam beweegt op zijn beurt in een richting die kan worden voorspeld. Ook de snelheid en duur van de verhuizing kan worden voorspeld.

Bovendien heeft alles om te bewegen een middel nodig waarmee het kan bewegen. Een schip beweegt bijvoorbeeld op het water en een auto rijdt over de weg. Muziek en stem verspreiden zich door de lucht en worden gedragen door geluidsgolven.

Laten we eens kijken naar de drie belangrijkste wetten.

De eerste wet is de richting van de tijd, ook wel de "pijl van de tijd" genoemd. De tijd gaat alleen vooruit en elk feit dat al is gebeurd, kan niet worden gecorrigeerd of gewijzigd.

De chronologische volgorde van de gebeurtenissen wordt bepaald door het verstrijken van de tijd, waardoor je nooit terug kunt gaan, hoewel het soms wenselijk zou zijn om terug in de tijd te gaan.

De tweede wet gaat over snelheid. Niets kan sneller bewegen dan de lichtsnelheid, gelijk aan ongeveer 300.000 km per seconde.

Het gevolg van de derde wet is dat elke kracht zijn kracht vermindert als een functie van de afstand. Dit heeft vooral invloed op zwaartekracht en magnetisme.

De zwaartekracht die twee planeten aantrekt, neemt bijvoorbeeld af naarmate de planeten verder van elkaar verwijderd zijn.

De zwaartekracht van de aarde beïnvloedt zijn satelliet, de maan. De invloed van de aarde op de satellieten van Jupiter, zoals Europa of Ganymedes, is echter absoluut minder.

Evenzo trekt een magneet een ijzeren voorwerp aan dat op een bepaalde afstand is geplaatst.

Als we echter het verste object plaatsen, neemt de aantrekkingskracht af en houdt uiteindelijk op.

Het hele universum dat we ervaren, gehoorzaamt deze wetten. Daarom kunnen we de verlegenheid van de officiële wetenschap begrijpen in het licht van de mogelijkheid dat iets aan deze wetten ontsnapt. Onder de dingen die zich niet aan fysieke wetten houden, behoren beslist buitenzintuiglijke waarnemingen.

Volgens de officiële wetenschap kan voorgevoel niet bestaan omdat het niet mogelijk is om eerst iets te weten dat later zal gebeuren.

Waar kan de informatie over een voorgevoel vandaan komen?

Er is geen fysieke container waarin informatie wordt opgeslagen over gebeurtenissen die in de toekomst zullen plaatsvinden. Er is geen archief met gebeurtenissen die nog niet hebben plaatsgevonden.

Het menselijk denken wordt vaak aangehaald om te zeggen dat het beslist sneller reist dan het licht. Het denken kan zowel het verleden als de toekomst verkennen. Het denken kan met dezelfde intensiteit elk gebied van ons universum en van andere mogelijke universums bereiken. Dit kan worden beschouwd als in strijd met de fysieke wetten die in de vorige paragrafen zijn genoemd.

Het antwoord van de wetenschap is heel simpel. Het denken is gebaseerd op ons brein en beweegt niet van daaruit. De gedachte komt niet uit de schedel. Alle mentale verwerking wordt geboren en sterft in de paar kubieke centimeter van het fysieke brein. In de praktijk is het denken een illusie, geen realiteit.

In die zin zijn voorgevoelens illusies die als afvalproducten in de hersenen zelf ontstaan. Zelfs telepathische communicatie is niet mogelijk, omdat geen enkele gedachte van het ene hoofd naar het andere kan vliegen.

Om het bestaan van een psychische realiteit zoals die beschreven in het eerste deel van dit boek te ondersteunen, is het daarom noodzakelijk om een dimensie van het universum te ontdekken waarin de regels van de klassieke fysica niet langer gelden.

Deze dimensie zou vergelijkbaar moeten zijn met Jungs collectieve onbewuste.

Als deze psychische dimensie bestaat, kan deze zeker Plato's ideeën bevatten, evenals de archetypen van Carl Jung en elke andere niet-materiële werkelijkheid.

Tot 1950 zou geen enkele wetenschapper ooit een munt op deze mogelijkheid hebben ingezet. In plaats daarvan heeft er de afgelopen decennia een grote verschuiving plaatsgevonden.

De kwantumfysica heeft grote vooruitgang geboekt door de fysieke realiteit te onderzoeken in het domein van het extreem kleine.

De mogelijkheid dat er werkelijk een exclusief psychische dimensie bestond, werd al aan het begin van de vorige eeuw voorspeld. Ten slotte werd in de jaren vanaf 1980 het bestaan van deze dimensie wetenschappelijk bewezen.

We hebben het over de resultaten van experimenten met het fenomeen van kwantum "verstrengeling".

Samenwerking tussen wetenschap en psyche

Er is al enkele decennia een grote synchroniciteit gaande die de hele planeet beïnvloedt. Deze wereldwijde synchroniciteit leidt de mensheid naar een totaal andere verklaring van de redenen van ons bestaan.

Het universum is niet langer een chaotische agglomeratie van materie die door toeval wordt beheerst. In deze nieuwe visie is het universum een amalgaam van materie en psyche, op een ordelijke manier geconstrueerd en geleid door een universele geest.

Deze wereldwijde synchroniciteit vertegenwoordigt de som van vele belangrijke toevalligheden. Onder hen is er zeker de ontmoeting tussen de Zwitserse psycholoog Carl Gustav Jung en de Oostenrijkse wetenschapper Wolfgang Pauli. Bedenk dat Pauli in 1945 de Nobelprijs voor natuurkunde zal ontvangen.

De twee wetenschappers ontmoetten elkaar in Zürich, waar ze allebei woonden. Carl Jung oefende het beroep van psychotherapeut uit. In plaats daarvan was Pauli hoogleraar Theoretische Fysica aan het Institute of Technology.

De bijeenkomst vond plaats in 1932. Op dat moment had Pauli om een afspraak met Jung gevraagd om de mogelijkheid van analytische therapie te evalueren.

In feite vertrouwde W. Pauli Jung toe om enkele existentiële problemen op te lossen die voortkwamen uit de menselijke aangelegenheden waarbij hij betrokken was geweest.

Allereerst leed Pauli aan de zelfmoord van zijn moeder, die een paar jaar eerder plaatsvond. Een andere reden voor lijden was het nieuwe huwelijk van de vader met een heel jonge vrouw, die even oud was als Wolfgang.

Ten slotte was een andere sterke oorzaak van lijden het einde van zijn huwelijk met Kathe Deppner, een cabaretdanseres.

Helaas duurde dit huwelijk maar een paar weken.

Als gevolg van dit alles maakte Pauli een zeer moeilijke periode in haar leven door; dit waren de redenen die hem ertoe brachten om Jungs hulp te vragen.

Direct na de eerste ontmoeting ontstond er echter een andere dialoog tussen de twee onderzoekers.

Jung gaf de baan van psychoanalytische therapie aan een vrouwelijke arts die met hem samenwerkte.

In plaats daarvan was het onderwerp van de ontmoetingen tussen de twee hun respectieve wetenschappelijke kennis. Deze relatie duurde minstens vijfentwintig jaar.

Toen de twee op verschillende plaatsen woonden, veranderden persoonlijke ontmoetingen in een dichte briefwisseling.

In hun argumenten dreven Jung en Pauli zichzelf tot het uiterste van hun respectieve vakgebieden, namelijk de kwantumfysica en psychologie. De twee zochten een verbinding tussen de twee wetenschappen.

Op deze manier legden ze een verband tussen twee vakgebieden die tot dan toe als absoluut onverenigbaar werden beschouwd.

Er ontstond een cultureel huwelijk tussen Jungs creativiteit en Pauli's nauwgezette wetenschappelijke discipline. Met veel geduld vergeleken de twee hun theorieën zonder ooit redenen voor misverstanden of argumenten voor breuk te vinden. Dit gebeurde ondanks de misverstanden van de respectieve wetenschappelijke kringen.

Pauli bestudeerde Jungs denken en deelde het serieus.

Op deze manier overwon hij de heersende mentaliteit van de tijd. Deze manier van denken definieerde theorieën gebaseerd op de psyche als "zinloos".

Pauli hield een kritische houding aan, maar deed zijn best om Jungiaanse theorieën te begrijpen.

Het belangrijkste onderwerp van de dialoog tussen Jung en Pauli was natuurlijk de relatie tussen fysica en psychologie, dat wil zeggen tussen psyche en materie. Het is belangrijk op te merken dat Pauli niet geïnteresseerd was in synchroniciteit om een culturele nieuwsgierigheid te bevredigen. Hij geloofde dat hij meerdere keren in zijn leven de hoofdrolspeler was geweest in synchronistische episodes.

In 1952 publiceerden Jung en Pauli samen een boek, "Naturerklarung und Psyche". Van de pagina's van dit boek begrijpen we zowel hun overeenkomst als hun verschillen.

Jung droeg bij aan het werk door een essay te publiceren met de titel "Synchroniciteit: een acausaal verbindend principe"

Pauli droeg in plaats daarvan bij met het essay "The Influence of Archetypal Ideas on the Scientific Theories of Kepler"

Het moet gezegd worden dat Jung lange tijd aarzelde voordat hij zijn theorie van synchroniciteit publiceerde.

Het was Pauli zelf die hem overtuigde om het in dit essay aan het publiek bekend te maken.

Over het algemeen waren Pauli en Jung het erover eens dat materie en psyche moeten worden begrepen als complementaire aspecten van dezelfde realiteit. De werkelijkheid wordt beheerst door archetypen, die moeten worden opgevat als gemeenschappelijke ordeningsprincipes.

Dit impliceert dat archetypen elementen zijn die zich op een niveau buiten het materiaal bevinden.

Pauli bekritiseerde de materialistische overtuiging die typerend is voor zijn werkomgeving. Hij was het niet eens met de ontkenning van alles wat te maken heeft met menselijke spiritualiteit, gevoelens en emoties.

Pauli was ervan overtuigd dat het in de nabije toekomst niet langer mogelijk zou zijn om de relatie tussen de externe wereld van materie en de interne wereld van de psyche te negeren.

Kwantumverstrengeling

De natuurkundige wet genaamd "behoud van energie" is een van de belangrijkste in de natuur. In zijn meest bestudeerde vorm stelt deze wet dat energie kan worden omgezet en omgezet van de ene vorm naar de andere. Maar zelfs als de vorm van energie verandert, verandert de totale hoeveelheid niet in de loop van de tijd. We verwijzen naar de energie die aanwezig is in een "geïsoleerd systeem".

Het universum is natuurlijk een geïsoleerd systeem.

Richard Feynman is een Amerikaanse natuurkundige. Hij ontving de Nobelprijs voor natuurkunde in 1965. In zijn boek "The physics of Feynman, Vol.I" spreekt Feynman over de wet van behoud:

"Er is een wet die bekende natuurverschijnselen regelt. Deze wet kent geen uitzonderingen en is daarom, voor zover wij weten, correct. De wet heet "behoud van energie", en het is een wiskundig principe. De wet zegt dat er iets is dat nooit verandert. We kunnen de totale energie van het universum berekenen. Vervolgens observeren we de natuur gedurende een lange tijd terwijl deze evolueert. Na een tijdje berekenen we dat totaal opnieuw en realiseren we ons dat het niet is veranderd. "

We kunnen ongetwijfeld aannemen dat de algehele energie van het universum verschillende vormen kan aannemen, maar deze blijft ongewijzigd. Deze wet zorgde voor enorme problemen toen de wetenschap materie begon te bestuderen op subatomair niveau, dat wil zeggen op het niveau van het extreem kleine.

Laten we proberen te begrijpen waarom.

Elementaire deeltjes zijn begiftigd met "spin". De "spin" lijkt sterk op een roterende beweging. De "spin" is ook onderworpen aan de "wet van behoud van energie in een gesloten systeem"

Dus als we een elektron nemen met "spin" gelijk aan nul en het in twee delen verdelen, heeft het ene deel "spin" +1/2 (half positief) en het andere heeft "spin" -1/2 (half negatief) . Op deze manier is het totaal van de twee helften altijd gelijk aan nul zoals in het oorspronkelijke elektron.

Dit betekent dat de "wet van behoud van energie" wordt gerespecteerd.

Laten we nu een experiment doen.

Laten we aannemen dat we, nadat we een elektron in twee delen hebben gesplitst, een van de helften nemen en het verplaatsen naar elke gewenste afstand.

Ongeacht de afstand die de twee delen verdeelt, verandert hun "spin" niet om de behoudswet niet te schenden.

Maar laten we doorgaan met ons experiment. Laten we een van de twee delen nemen, bijvoorbeeld het deel met "half positieve spin", en de "spin" omkeren zodat het "half negatief" wordt.

Wat gebeurt er op dat moment? Het komt voor dat de andere helft, waar die zich ook in het universum bevindt, ook zijn "spin" omkeert.

De "spin" van de andere helft, die "half negatief" was, wordt "half positief". De twee "spins" veranderen niet "na elkaar", maar "gelijktijdig".

Het is belangrijk om te begrijpen dat de verandering precies op hetzelfde moment plaatsvindt. Informatie heeft geen tijd nodig om bij beide helften bekend te worden.

Met ons experiment hebben we het effect van de 'gecorreleerde spins' gereproduceerd

Van onze twee deeltjes wordt gezegd dat ze "verwant" zijn omdat ze samen werden geboren, toen we het oorspronkelijke elektron in tweeën splitsten. Het verrassende nieuws is dat gecorreleerde deeltjes met elkaar communiceren op elke afstand waarop ze zijn geplaatst.

Als het ene deeltje verandert, verandert het andere tegelijkertijd ook, omdat de wet van behoud van energie niet kan worden overtreden.

De wet van behoud van energie kan niet worden overtreden, zelfs niet door een half elektron, dat een absoluut onbeduidend deel van het universum is.

Als we het zo vertellen, lijkt het misschien heel weinig, maar als we erover nadenken, is wat we zojuist hebben gezegd in strijd met alle wetten van de klassieke fysica.

De eerste regel die wordt overtreden, is die met betrekking tot de lichtsnelheid, die nooit zou kunnen worden overtroffen. In feite wordt deze snelheid ruimschoots overschreden. Zoals we hebben gezien, kunnen we de twee deeltjes op elke intergalactische afstand plaatsen, zelfs een miljard lichtjaar van elkaar verwijderd.

Ondanks deze afstand reageert elk deeltje tegelijkertijd op veranderingen in het andere.

De regel van de richting van de tijd wordt ook geschonden. Volgens deze regel vindt elke gebeurtenis plaats als gevolg van een eerdere gebeurtenis.

In ons geval veranderen de twee deeltjes hun rotatie niet na elkaar, maar doen dit tegelijkertijd.

Oorzaken dicteren dat elke gebeurtenis wordt veroorzaakt door een andere gebeurtenis. In het beschreven geval is de causaliteit niet meer geldig. Ook dit is een gevolg van gelijktijdigheid.

Een ander principe dat wordt geschonden, is het principe dat de verzwakking van krachtvelden tot stand brengt, als functie van de afstand.

Volgens dit principe moeten de twee kanten met grote kracht veranderen als ze dichterbij zijn.

Vervolgens, naarmate de afstand toeneemt, moeten ze met afnemende kracht veranderen.

Dit is niet het geval: de "krachtband" die de twee deeltjes verenigt, blijft absoluut en constant in ruimte en tijd

De band die de twee deeltjes verenigt, krijgt de wetenschappelijke naam "entanglement", een woord uit de Engelse taal dat vertaald kan worden als "verstrengeling".

Deze term verwijst naar de verbinding die ontstaat tussen twee samen gecreëerde deeltjes, dwz "gerelateerd".

De kenmerken van deze band zijn meer spiritueel dan fysiek. Iets soortgelijks gebeurt vaak tussen menselijke tweelingen.

De belangrijkste observatie bleef voor het laatst en is deze: hoe kunnen de twee helften van het elektron met elkaar communiceren?

Het is duidelijk dat wanneer een van de twee helften de draairichting verandert, het nieuws van de verandering geen fysieke ruimte doorkruist en op geen enkele manier wordt overgebracht.

Als dit gebeurt, is er een vertraging. Maar actie en reactie zijn gelijktijdig.

Er is geen "tijd" waarin informatie nog onderweg is, en de andere partij wacht erop.

Informatie is hier en daar tegelijkertijd. We kunnen eenvoudiger zeggen dat informatie absoluut "bestaat". Beide deeltjes hebben het.

De twee delen, zelfs als ze verdeeld zijn, delen informatie alsof ze nog steeds een enkel onderdeel zijn.

De theorie is wetenschappelijk bevestigd.

De nieuwigheden van de kwantumfysica werden voorgesteld door Niels Bohr en zijn team van wetenschappers, bekend als "The Copenhagen School". Deze werkgroep legde de basis voor de kwantumfysica in onderzoek dat vanaf 1927 werd uitgevoerd. Helaas werden hun inzichten niet erg goed ontvangen in de wetenschappelijke wereld.

Vooral Albert Einstein oordeelde deze theorie alsof het onmogelijk was. Hij was van mening dat de fundamentele redenering verkeerd was.

Volgens Einstein ontbrak er een belangrijk element in de theorie, die hij "de onbekende variabele" noemde.

Volgens het oordeel van Einstein leverden de berekeningen in de praktijk onjuiste resultaten op omdat er een bepaald element was dat niet in aanmerking werd genomen.

Als hij de zogenaamde "onbekende variabele" aan de vergelijkingen had toegevoegd, had Niels Bohr resultaten behaald die meer in overeenstemming waren met de klassieke fysica.

Einstein maakte zich vooral zorgen omdat Bohr's kwantumtheorie ook in strijd was met de relativiteitstheorie.

Sommige wetenschappers spotten met Bohr's inzichten.

Toch was Einstein, hoewel hij overtuigd was van zijn argumenten, te intelligent om een wetenschappelijke theorie te ontkennen voordat deze theorie grondig was geëvalueerd.

Hij bleef beweren dat er een fout zat in de vergelijkingen van Bohr. Albert had echter geen vooroordelen en wilde duidelijk zien. Hier ligt zijn grootsheid als wetenschapper.

In 1935 stelde hij een beroemd experiment voor, bekend als het EPR-experiment. Het acroniem komt van de naam van de drie voorstanders, dat wil zeggen, naast Einstein zelf, Podolski en Rosen.

Het EPD was een "Gedankenexperiment", dat is een gedachte-experiment.

In de praktijk was het experiment niet gebaseerd op laboratoriuminstrumenten, maar op redenering en op de theoretische toepassing van bekende wetten.

Dit type experiment kan, zelfs als het theoretisch is, betrouwbare resultaten opleveren.

Geestelijke experimenten worden tegenwoordig nog steeds gebruikt wanneer de technische of economische middelen ontbreken om ze in het laboratorium uit te voeren.

De ontwikkeling van het EPR-experiment deed inderdaad twijfels rijzen over de geloofwaardigheid van kwantumtheorieën. Dit was ook afhankelijk van de complicatie van het uitvoerende protocol.

Bijgevolg heeft de wetenschappelijke gemeenschap nota genomen van de resultaten, maar deze niet als definitief beschouwd.

Vele jaren later, in 1964, raakte een andere wetenschapper weer geïnteresseerd in de vraag.

John Stewart Bell publiceerde een artikel waarin hij een vereenvoudigde versie van het EPR-experiment voorstelde. In hetzelfde artikel stelde Bell een praktische methode voor om het experiment in het laboratorium uit te voeren en nodigde de wetenschappelijke gemeenschap uit om het uit te voeren.

De uitnodiging werd aangenomen door Alain Aspect, een Franse experimentele fysicus. In de jaren 1980 tot 1982 voerde Alain Aspect het experiment uit in het laboratorium.

In de praktijk heeft hij een elektron opgewonden om het te dwingen een kwantumdubbelsprong uit te voeren.

Het geëxciteerde elektron heeft in de dubbele sprong twee elementaire deeltjes uitgezonden, dat wil zeggen twee fotonen. Natuurlijk waren de twee fotonen "gerelateerd", aangezien ze in dezelfde gebeurtenis werden geboren.

De experimenten van Alain Aspect bevestigden eigenlijk alle voorspellingen over de kwantumfysica en het fenomeen "verstrengeling".

De twee fotonen die Aspect in het lab genereerde, gedroegen zich precies zoals beschreven in de theorie van Bohr.

Dat wil zeggen, de twee fotonen hebben het gedrag herhaald dat ik hierboven heb beschreven, met betrekking tot de twee helften van een elektron.

Dit betekent dat ze alle regels van de klassieke fysica hebben geschonden.

In de daaropvolgende jaren werd het experiment herhaald en vele malen bevestigd door vele geleerden.

Tegenwoordig ervaren laboratoria niet langer de "verstrengeling" van twee deeltjes. In moderne laboratoria worden in één gebeurtenis duizenden of miljoenen gerelateerde deeltjes gemaakt.

De dimensie die verder gaat dan materiële dingen.

In het licht van de huidige wetenschappelijke kennis kunnen we aannemen dat communicatie op het niveau van elementaire deeltjes plaatsvindt met een methode die absoluut onafhankelijk is van materie.

Deeltjes communiceren op een niveau waar tijd en ruimte hun kracht niet uitoefenen. Op dit niveau gedragen twee of meer verwante deeltjes zich, zelfs als ze door oneindige afstanden van elkaar zijn gescheiden, alsof ze één zijn.

De "ruimte", of het niveau waarop dit gebeurt, wordt gedefinieerd als "niet-lokaliteit". Het is een psychische "ruimte", omdat het nergens kan worden geplaatst.

De wetenschap erkent met tegenzin het bestaan van deze ruimte, omdat ze deze niet kan wegen, meten of reproduceren in het laboratorium.

Als deze ruimte echter bestaat, kunnen ook andere concepten van het menselijk denken er hun plaats in vinden.

We noemden bijvoorbeeld eerder Carl Jung's "collectieve onbewuste" of Plato's "Ziel van de wereld".

Subatomaire deeltjes werken in het niet-lokale, en niemand kan ontkennen dat dit gebeurt. Evenzo worden de psychische inzichten van het menselijk denken ook het bestuderen en overwegen waard.

Sommigen zullen misschien tegenwerpen dat het fenomeen "verstrengeling" alleen optreedt tussen deeltjes die in het laboratorium met elkaar in verband zijn gebracht.

We kunnen deze sceptici eraan herinneren dat het hele universum werd geboren uit een groot laboratorium. We kunnen ons het vroege universum voorstellen als een 'plaats' waar een grote, enkele explosie plaatsvond, bekend als de oerknal.

Door deze explosie is alle materie in het universum ontstaan.

Daarom werd al het materiële deel van het universum geboren uit dezelfde gebeurtenis.

Dit betekent dat alle materie in het universum met elkaar in verband staat en een enkele werkelijkheid vormt. Dieren, planten en mineralen bestaan uit verwante atomen. De planeten, de sterrenbeelden en de hele kosmos zijn met elkaar verbonden. Carl Jung en Wolfgang Pauli noemden deze realiteit "Unus mundus".

Welke rol spelen toevalligheden in mijn leven?

Op dit punt kan elke lezer deze vraag legitiem stellen en wachten op een antwoord. We weten dat zinvolle toevalligheden gebeuren. Helaas hebben we toevalligheden tot op de dag van vandaag beschouwd als bizarre en soms mysterieuze feiten, maar zonder belang in ons dagelijks leven.

Significante toevalligheden kunnen nauwkeuriger worden gedefinieerd met de naam "synchroniciteit". Met deze naam geven we de aanwijzingen aan die de boodschappen en bedoelingen van een "Geest van de wereld" proberen uit te leggen.

Elke synchroniciteit bevat een boodschap die naar ons is gericht, nuttig om ons te begeleiden bij innerlijke groei. Helaas is de taal van deze berichten symbolisch. We worstelen om af te stemmen op de juiste golflengte om de inhoud van deze berichten te ontcijferen. Een citaat van de Amerikaanse natuurkundige Joseph Henry kan ons helpen het concept te begrijpen:

"De zaden van elke grote ontdekking zijn constant aanwezig in de lucht die ons omringt, maar ze vallen en wortelen alleen in een voorbereide geest."

We zijn gewend om ongebruikelijke feiten aan het toeval toe te schrijven. Als toevalligheden negatief zijn, schrijven we ze toe aan het lot, en als ze positief zijn, schrijven we ze toe aan geluk.

Laten we enkele andere beroemde uitdrukkingen citeren. Arthur Schopenhauer zei:

"Destiny schudt de kaarten en wij spelen."

In plaats daarvan sprak Louis Pasteur als volgt over geluk:

"Geluk begunstigt de voorbereide geest"

Deze uitspraken impliceren dat elke gelegenheid, gecombineerd met een dosis voorbereiding, ons kan helpen een beter leven op te bouwen.

Voorbereiding bestaat erin te weten hoe we de gidsborden op de juiste momenten moeten begrijpen, zoals we weten hoe we verkeersborden moeten lezen tijdens het rijden met onze auto.

Synchroniciteiten zijn wegwijzers, tekens die ons symbolisch een richting aangeven.

Het is moeilijk om de symbolische boodschappen te begrijpen die uit de spirituele dimensie komen, aangezien we diep ondergedompeld in de fysieke dimensie leven.

Bovendien zijn synchroniciteiten, zoals gezegd, constructies die zijn gemaakt van gebeurtenissen die van elkaar zijn losgekoppeld. Deze gebeurtenissen hebben geen oorzaak en gevolg-verbanden en zijn verdeeld in ruimte en tijd, dus het is moeilijk om ze met elkaar in verband te brengen.

Toevalligheden worden pas zinvol als we betekenis kunnen toekennen.

We moeten vaak een irrationeel denkproces gebruiken om enkele feiten met elkaar te verbinden.

In veel gevallen moeten we de alledaagse logica van tijdelijkheid negeren, volgens welke sommige dingen ervoor gebeuren en andere erna. Synchroon doet dit er niet toe en feiten kunnen overal op de tijdschaal worden geplaatst.

De betekenis die we aan synchroniciteiten hechten, wordt op spiritueel niveau gegenereerd.

Als we daarom willen begrijpen waarom we een bepaalde betekenis aan feiten hebben toegekend, moeten we de diepte van onze geest onderzoeken. De interpretatie die door onze geest is ontwikkeld, wordt altijd verlicht door de symbolen die we bezitten.

De symbologieën van synchroniciteiten die we ontvangen, zijn altijd verbonden met de symbologieën die aanwezig zijn in onze psyche.

We bezitten de interpretatieve sleutel van de synchroniciteiten die we ontvangen. Deze sleutel is aanwezig in ons bewustzijn of in ons onbewuste.

Synchroniciteiten zijn archetypische symbolen. Ze kunnen zich niet manifesteren in een volledig onbekende symbolische vorm. Wanneer een persoon een synchroniciteit in symbolische vorm ontvangt, is dat symbool al overgegaan van het collectieve onbewuste naar het individuele onbewuste.

De symbologieën die door synchroniciteiten worden opgeroepen, zijn niet onleesbaar omdat ze al aanwezig, geworteld en verweven zijn in ons onderbewustzijn.

Synchroniciteiten ontcijferen.

Synchroniciteiten hebben specifieke kenmerken op individueel niveau. Daarom is de ontsleuteling van het bericht bijna alleen mogelijk voor degenen die het ontvangen. De kenmerken van de berichten zijn symboliek en een nauwe band met het individuele onbewuste van de persoon.

Professionele therapeuten hebben specifieke methodologieën. Ze zijn in staat om in de lagen van diep bewustzijn te duiken, die lagen die zelfs door de patiënt zelf niet objectief kunnen worden onderzocht.

In de meeste gevallen wendt niemand zich tot een psychotherapeut voor hulp bij het onthullen van de symboliek van de synchronistische berichten.

Daarom kunnen we hier wat algemeen advies geven dat kan helpen bij de interpretatie.

De eerste tip is duidelijk.

Beschouw zinvolle toevalligheden nooit als het resultaat van simpele willekeur.

Het kunnen berichten zijn van een "Higher Mind". Deze "Geest" coördineert de harmonie van het universum en wil ons helpen onze harmonie te behouden. Hij wil ons begunstigen maken van innerlijk welzijn.

Het tweede advies is om in de eerste plaats op uw eigen oordeel te vertrouwen. Ons oordeel is zeker het meest gekwalificeerd en het meest geïnformeerd om onze innerlijkheid te leiden bij de uitwerking van de betekenis van de symbolen.

Zoals eerder vermeld, heeft iedereen de sleutels om de mysterieuze signalen die ze ontvangen te interpreteren.

Symbolen zijn het erfgoed van de hele mensheid, maar tegelijkertijd zijn ze strikt in overeenstemming met onze "Selbst", onze cultuur en onze manier om de wereld te zien.

We kunnen zeggen dat de symbolische boodschap als het topje van een vinger is.

Er zijn miljarden vingers, maar tegelijkertijd zijn er geen twee hetzelfde. Elke vinger heeft zijn eigen vingerafdrukken die uniek en onmiskenbaar zijn.

Het derde advies is: wees niet gehaast bij het toekennen van betekenissen.

Vaak bestaat een synchroniciteit uit verschillende gebeurtenissen die in de tijd zijn verdeeld.

We moeten een geheime lade in de geest creëren waarin we berichten deponeren die we niet begrijpen.

Elke keer dat we een nieuw bericht ontvangen, moeten we het vergelijken met alle berichten die we nog niet hebben opgelost. Deze praktijk kan verrassende resultaten opleveren.

Als we elk merkwaardig toeval snel annuleren, lopen we het risico een pad te onderbreken. Misschien was het geannuleerde toeval een belangrijke schakel.

In feite kan een synchroniciteit worden verdeeld over dagen of maanden of zelfs jaren, en elk nieuw significant toeval kan de verfijning zijn van een eerder toeval.

De plaats waar synchroniciteiten vandaan komen wordt vaak "niet-lokaliteit" genoemd, omdat het niet mogelijk is om het in de ruimte of in de tijd te plaatsen. Op het niet-lokale niveau is er geen ruimte en tijd. Dit is wetenschappelijk bewezen door de kwantumfysica en door de recente ontdekking van het fenomeen "verstrengeling", dat ik in zijn essentiële elementen heb beschreven.

Als bijlage bij dit derde advies geef ik nog een indicatie.

Veel wetenschappers en auteurs beweren dat het handig is om een dagboek bij te houden met toevalligheden. In dit dagboek kunnen we ook belangrijke dromen opschrijven, dat wil zeggen de dromen die ons het meest hebben getroffen. Dromen kunnen een synchrone of profetische waarde hebben. Dit geldt vooral wanneer de gedroomde gebeurtenis echt plaatsvindt. Dit zijn zeldzame gevallen, omdat zelfs dromen gebaseerd zijn op symbologieën. Het is mogelijk om betekenis te geven aan een evenement door het te koppelen aan een droom.

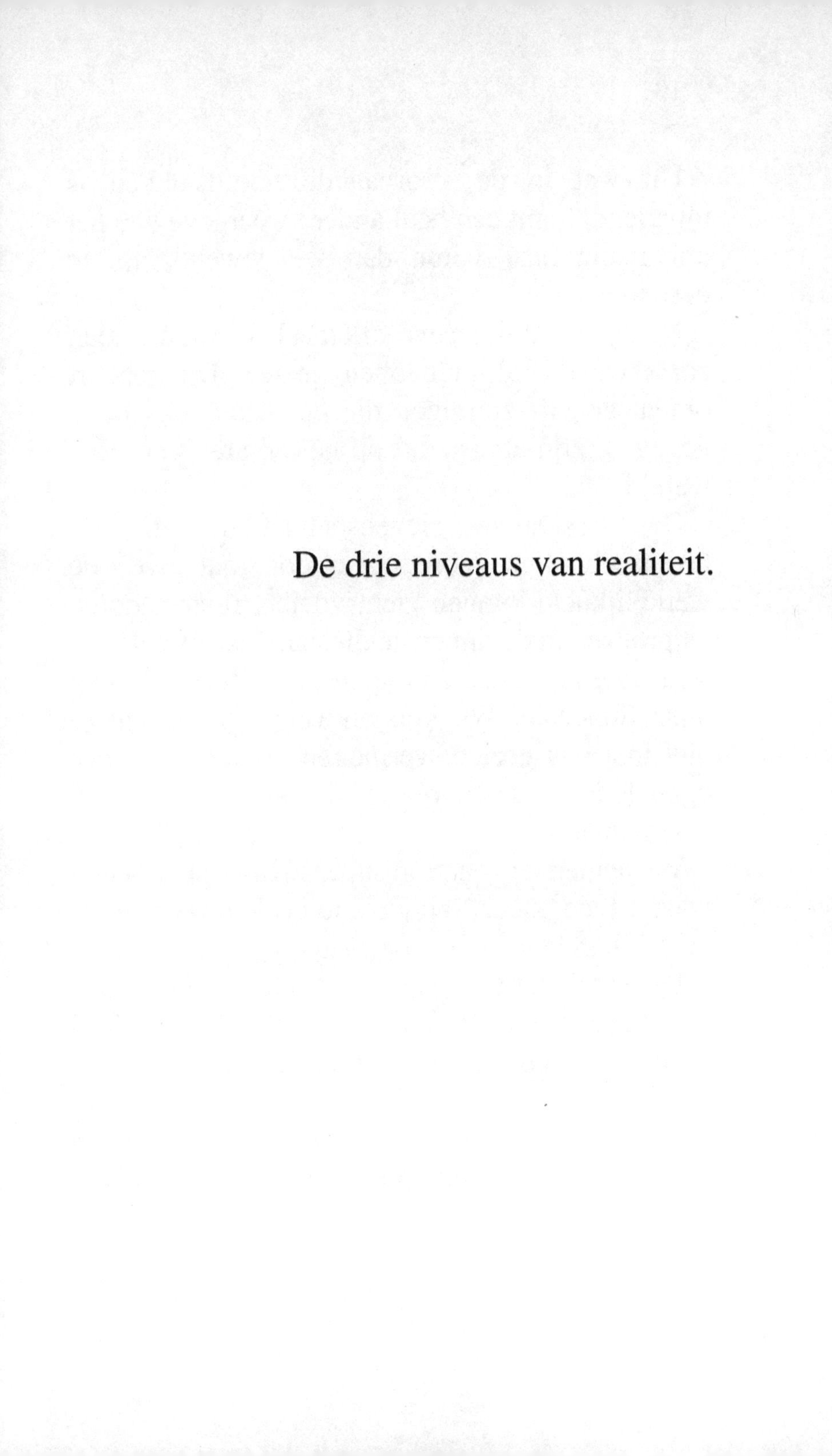

De drie niveaus van realiteit.

Uit wat in de voorgaande hoofdstukken is uitgelegd, komt een heel andere weergave van het universum naar voren dan we gewend zijn te beschouwen.

Natuurlijk blijven we allemaal de wereld zien zoals we die altijd hebben gezien. Dit gebeurt omdat de vijf zintuigen die de natuur ons heeft gegeven, zijn afgestemd op het ervaren van deze wereld.

De essentiële levensbehoeften en de levensbehoeften zorgen ervoor dat we de werkelijkheid kunnen zien, voelen, ruiken, horen en proeven in de dimensie die aan onszelf voldoet.

in feite zijn onze zintuigen niet effectief buiten onze dimensie. We kunnen verre sterrenstelsels niet met ons gezichtsvermogen verkennen. Onze ogen kunnen de bewegingen van microben niet waarnemen.

We nemen de geur van supernova-explosies niet waar of de kleur van de moleculen waaruit de verschillende lichamen bestaan.

Deze functies gaan verder dan onze basisbehoeften. De evolutie heeft ons alleen gespecialiseerd in wat onmisbaar is voor ons bestaan.

De meeste frequenties produceren kleuren en geluiden die voor ons niet zichtbaar of hoorbaar zijn

De tastzin en de smaak, hoe verfijnd we ze ook mogen beschouwen, stellen ons in staat om slechts een beperkt aantal smaken en geuren duidelijk te onderscheiden.

We kunnen zeggen dat onze vijf zintuigen zeer grove en zeer beperkte instrumenten zijn in vergelijking met de oneindige variaties die door het universum worden geproduceerd.

We hebben echter ook twee andere zintuigen. Het zesde zintuig is intuïtie, waardoor we in het eenvoudige dagelijkse leven zeer nuttige informatie kunnen verwerken, zelfs als deze informatie niet essentieel is om te overleven.

Intuïtie is een geweldig hulpmiddel, dat onze ervaringen verwerkt en gedragsadviezen geeft.

Vroege mensen konden raden welke bessen eetbaar zijn of welke insecten giftig zijn door hun kleur of lichaamsvorm te overwegen.

Op basis van een samenvattend onderzoek van de schijn konden zij de meer of kleinere kans op risico berekenen.

Tegenwoordig gebruiken we intuïtie om mensen en omstandigheden te evalueren.

Vaak zijn we dankzij intuïtie in staat een spontaan wantrouwen te ontwikkelen jegens degenen die ons zouden willen bedriegen. We kunnen ook raden wie ons zou kunnen helpen.

Intuïtie helpt ons de positieve en negatieve kanten van een bepaald bedrijf te onderscheiden.

Intuïtie speelt meestal een doorslaggevende rol bij onze beslissingen. Zeker, de intuïtie is een onvolmaakt hulpmiddel, maar ervaring helpt ons om het te verbeteren.

Het zesde zintuig, of intuïtie, is uitsluitend gebaseerd op het denken, maar het heeft niets mysterieus. de informatie die we gebruiken om onze oordelen te formuleren, zit allemaal in ons geheugen en in onze culturele achtergrond. Het hele intuïtieve proces vindt plaats in onze psyche.

Intuïtie gebruikt alleen de kennis die we al hebben.

Intuïtie is natuurlijk consistent met de wereld buiten de psyche, dat wil zeggen met de fysieke realiteit.

Het kwantumniveau en het niet-lokale niveau

We kunnen de omgeving waarin we leven "fysiek niveau" definiëren. De fysieke laag is opgebouwd uit vaste en losse objecten. Dit niveau omvat ook het extreem grote deel van de kosmos, zoals de planeten en sterrenbeelden. Tegenwoordig vertelt de wetenschap ons dat er minstens twee andere niveaus zijn. Hoewel we deze niveaus niet kunnen begrijpen met onze beperkte zintuigen, bestaan ze toch. Hun bestaan wordt zonder enige twijfel bevestigd.

Het tweede niveau is het kwantumniveau. Dit is een "ruimte" waarin elementaire deeltjes vrij bewegen en opereren. Deze deeltjes zijn niet onderworpen aan een van de beperkingen met betrekking tot het macroscopische niveau van materie. Zoals we hebben gezien, brengen deeltjes bindingen met elkaar tot stand zonder beperkingen van ruimte en tijd.

Dit kenmerk suggereert het bestaan van een derde niveau, dat van niet-lokaliteit, dat niet uit materie bestaat. Niet-lokaliteit bevat alleen energie en informatie.

Niet-lokaliteit is het niveau waarop het hele universum is verbonden en een universele "verstrengeling" vormt. De niet-lokaliteit bevat alle informatie, dat wil zeggen, alle kosmische intelligentie die is gerijpt vanaf het eerste moment van schepping.

Deze informatie wordt ondersteund door een onbekende en onbeperkte energie, die het verspreidt waar het nodig is.

Het zevende zintuig

Als we toegang willen krijgen tot de niet-lokale realiteit, kunnen de vijf zintuigen ons niet helpen. Zelfs intuïtie kan ons niet helpen. We hebben het zevende zintuig nodig.

Het zesde zintuig komt ons te hulp door alleen de informatie te verwerken die we in onze dagelijkse ervaring hebben verzameld,

In plaats daarvan stelt het zevende zintuig ons in staat om in contact te komen met een immens rijkere afzetting, die alle ervaring van het universum bevat.

Vanuit dit depot dalen de voorgevoelens, voorgevoelens en het hele scala aan verschijnselen die we buitenzintuiglijk noemen, af naar ons bewustzijn.

Het niveau van niet-lokaliteit is altijd bekend geweest bij elke beschaving, bij elke filosofie en bij elke religie. Helaas was het niet mogelijk om het bestaan ervan te bewijzen. Nu is er eindelijk bewijs.

We kunnen er zeker van zijn dat een inlichtingendienst toezicht houdt op het functioneren van het niet-lokale niveau. Hoe zou het inderdaad door toeval kunnen worden beheerst?

Vanaf dit niveau ontvangen we berichten. In de meeste gevallen zijn deze berichten symbolisch en hebben we moeite om ze te ontcijferen.

Het is echter mogelijk dat de mensheid in de toekomst in staat zal zijn om een geavanceerder plan voor begrip te ontwikkelen dan het huidige. .

Iedereen kan het niveau van niet-lokaliteit noemen met welke naam dan ook. We kunnen vele uitdrukkingen noemen: universele geest, globale geest, wereld van ideeën, geest van het universum, collectief onbewust, niet-plaatselijk, tao, atman, God, heilige geest.

We weten dat het bestaat, en we weten dat nuttige hulpmiddelen voor de groei van individuen en voor de ontwikkeling van het hele menselijke ras afkomstig zijn van deze 'hogere entiteit'.

We hebben deze hulpmiddelen "zinvolle toevalligheden" en "synchroniciteit" genoemd, verwijzend naar Jungiaanse theorieën. Iedereen kan deze interventies echter noemen met welke naam dan ook: inspiraties, profetieën, openbaringen, wonderen of wat dan ook.

We zullen misschien nooit de mysteries waarover we in detail hebben gesproken, kunnen ontrafelen. Maar er is belangrijk nieuws. In het verleden verwezen we naar suggestieve hypothesen, waarvan we geen bewijs konden leveren. Tegenwoordig spreken we zelfverzekerd en zelfverzekerd over een spiritueel of psychisch niveau, dat werkelijk bestaat.

Bibliografie

Amir Dan Aczel, Entanglement. The greatest mystery of physics.
Barbour Julian, End of the time.
Barrow John David, From zero to infinity. The great story of Nothing.
Barrow John David, The numbers of the universe,
Barrow John David, Why is the world a mathematician?
Barrow John David, look Frank The anthropic principle.
Beitman Bernard, Messages from coincidences.
Cambray Joseph, Synchronicity. Nature and Psyche In a connected universe.
Cantalupi Tiziano, Santarcangelo Donato, Psychism and reality. .
Capra Fritjof, The Tao of physics.
John Cederquist, Coincidences They don't exist.
Cesati Cassin Marco, We're not here by chance.. The power of coincidences.
Subrahmanyan Chandrasekhar, Truth and Beauty. The reasons for aesthetics in science.
Chinnici Giorgio, Case Guard. The secret mechanisms of the quantum world
Chopra Deepak, Coincidences
Ford Kenneth, The world of Quanta. Quantum physics For everyone.
Gamow George, The Adventures of Mr. Tompkins.

Gamow George, Mr. Tompkins ' New World.
Goswami Arneb, Quantum Lighting Guide.
Greene Brian, The plot of the cosmos. Space,
Greene Brian, The hidden universes of parallel reality
And the profound laws of the cosmos.
Greene Brian, The elegant universe. Superstrings,
hidden dimensions and the pursuit of definitive theory.
Hawking Stephen The Universe in a nutshell.
Hawking Stephen The theory completely. Origin and
destination Dell Universe.
Hawking Stephen The great history of the time.
Hawking Stephen Do Big Bang For black holes. A brief
history of the universe.
Heckler, Richard, Coincidences.
Robert Hopke, Nothing happens by chance.
Joseph Frank, The power of coincidences.
Young Carl The analysis of Dreams. Archetypes of the
unconscious. Synchronicity.
Young Carl Memories, DreamsReflections.
Kane Gordon, The Garden of Particles Elemental.
Shani Mani Quantum. From Einstein In Bohr, quantum
theory, a new idea of reality..
Rei Hans, Christianity and Chinese religiosity.
Lederman Leon, Hill Christopher, Physical Quantum
for Poets
Licata Ignazio, Watching the Sphinx.
Motterlini Matteo, Mental traps.
Peat David, Synchronicity. A union between the matter
e Psyche.
Popper Karl, The Ego and your brain.
Radin Dean. Intertwined minds. Psychic phenomena
explained by quantum physics.
Rhine Louisa, Psychokinesis. in mind Dominates
matter..

Schumacher Ernst, A guide to the Perplexed, the B
Sheldrake Rupert, The illusions of Science.
Sheldrake Rupert, The mind Extended..
Michael Smith, Young and Shamanism.
Sparzani and Panepucci. (Curators) Young and Pauli. The original correspondence: The meeting between psyche and matter.
Henry Stapp Quantum theory and free will..
Michael Talbot, All is a. Feltrinelli
Teodorani Massimo, Bohm. The Physics of Infinity.
Teodorani Massimo, in mind Creative. From the physical universe to intelligent life.
Teodorani Massimo, The entanglement. The Weave In the quantum world: particles To consciousness.
Teodorani Massimo, Synchronicity. The link between physics and psyche. Da Pauli Young ' s Next In Chopra.
Teodorani Massimo, The Atom and the particles Elementary.
Seems Frank The physics of Immortality.
John White, The encounter between science and spirit..
Claudio Widmann, Synchronicity and coincidences Significant.
Claudio Widmann, Introduction to Synchronicity.

Afdrukken voltooid op 15 april 2022
Peter Veltman is het pseudoniem van Bruno Del Medico,
blogger, schrijver, redacteur, gespecialiseerd in de
verspreiding van kwesties die verband houden met sociale
actualiteit en de nieuwe grenzen van de wetenschap. Hij is
de auteur van vele teksten over de recente pandemie en
van een gespecialiseerde serie over kwantumfysica en
metafysica